事例で学ぶ

グループホーム計画書のつくりかた 改訂版

「その人らしい生活」を実現するアセスメントの実践

編著：**貝塚誠一郎** 貝塚ケアサービス研究所 代表

日本医療企画

本書の特長

　介護計画書に表されることは利用者へのサービス内容だけではありません。利用者、家族、職員、事業者のそれぞれの思いや姿勢がぎっしりと詰まったものなのです。

利用者の視点
- ○家からの生活を継続しやすい
- ○自分の意向（気持ち）を職員に伝えやすい
- ○自分の意向に沿ったサービスを受けられるので安心して暮らせる
- ○病気等が悪化して（意思を伝えられなくて）も自分の思いに準じたサービスが受けられる

家族の視点
- ○親への職員の関わりやサービス内容がひと目でわかる
- ○親の日常生活の様子や移り変わりがわかる
- ○親への思いを職員に伝えやすい
- ○意向に沿った具体的なサービス内容の明示等により職員への信頼感が増す

計画作成担当者・職員の視点
- ○利用者のニーズがわかった上でサービスを行える
- ○現在行っているサービスが利用者ニーズに沿ったものであるか検証しやすい
- ○職員間でサービスへの共通認識が持て、専門職としての意識向上が図れる
- ○利用者ニーズを具現化する姿勢が利用者や家族との信頼関係の構築に役立つ

事業者の視点
- ○「主役は利用者である」という法人（事業者）の理念や方針を示すことができる
- ○「安心して住める家」と、利用者や家族に認識してもらえる
- ○書類を分けずに「認知症対応型」と「介護予防」の計画書とすることができる
- ○実地指導や外部評価への対策が十分に行える

　このように、アセスメントおよび介護計画書の作成を充実させることは、利用者の"自分らしい生活"の実現に欠かせないばかりか、入居を決断した家族が後悔の思いが先に立つのではなく、親の生活を様々な場面から支援していける1つのきっかけにもなるのです。もちろん職員も利用者に安心・満足してもらえることで仕事の充実感が得られ、専門家としての意識が高まり、質も向上していくのです。

はじめに

　全国のグループホーム職員および関係者の皆さん、本書『グループホーム介護計画書のつくりかた【改訂版】』を手に取っていただきありがとうございます。

　『グループホーム計画書のつくりかた』を最初に出版したのは 2008 年です。その後、数回の増刷を経て、介護保険制度改正等を踏まえ、2015 年 5 月に一部新しい書式を追加掲載し『グループホーム計画書のつくりかた【改訂版】』を出版しました。初版を出版してから早 10 年が経過いたしました。

　グループホームの介護計画において、アセスメントや介護計画書の書式については、特別な決まりはありません。利用者の思い（ニーズ）や職員の関わる姿等が書き留められて表現できているものであれば、書式の形や分量はさまざまあって良いのです。
　その上で、本書は、グループホームという事業の特性を踏まえ、長い人生を生きてこられた高齢者等（利用者）の思いや生活の様子を 1 枚の書式に書き留めることは困難であるとの考えから、かなりの分量のアセスメント書式となっています。そして、利用者のニーズをより具現化させることができることを念頭に置いた介護計画書の書式および（計画書の）書き方を提案しています。
　また、あわせてグループホームにおける介護サービスのあり方について触れていますので、本書 1 冊で、グループホームの理解とグループホーム計画書の理解と実践力が高まることが期待できます。

　本書による「グループホーム計画書」および「アセスメント表」が利用者をはじめ、ご家族や新人職員等が見たとき、その人（利用者本人を含む）の生活の様子が浮かび、私たち職員等が 1 つのチームとして関わっていく姿が示されていれば言うことなしです。

　この本を手にした皆さん、まず内容をゆっくり熟読していただき、グループホーム計画書をつくることが"難しい""何を書けばよいかわからない"といった悩みから"楽しい""作成した意味があった"と感じられる第一歩となれば幸いです！　ぜひ、より良い計画書を作成できるようチャレンジしてください！

2017 年 9 月
貝塚誠一郎

事例で学ぶ
グループホーム計画書のつくりかた［改訂版］
「その人らしい生活」を実現するアセスメントの実践

目 次

本書の特長

はじめに

第1章　グループホーム事業の「い・ろ・は」

①グループホームとは ……………………………………………………………… 8
- グループホームが誕生したわけ（理由） ……………………………………… 8
- 集団化、画一的なサービスに別れを告げよう！ …………………………… 9
- グループホームとは利用者が主体的に暮らすことのできる場所 ………… 9

②グループホームの運営基準の概要 …………………………………………… 10
- 居室の定員 ……………………………………………………………………… 10
- ユニットの定員 ………………………………………………………………… 10
- 居室内の設備 …………………………………………………………………… 11
- ミニコラム①〜「使い慣れたモノを居室に持ち込む」意味を考える！〜 … 11
- ミニコラム②〜「ベッドや家具を持ち込ませたくない」という家族の心理〜 … 11
- 人員基準 ………………………………………………………………………… 12

③グループホームにおける職員の役割〜チームケアのすすめ〜 ………… 13
- グループホーム職員の心得15カ条 …………………………………………… 13
- 利用者はとまどっている ……………………………………………………… 13
- 入居前には「職員の役割」を必ず伝える …………………………………… 14
- 1人ひとりの職員の頑張りがチームケアの原動力 ………………………… 14
- 計画作成担当者の責任 ………………………………………………………… 15
- ミニコラム③〜ここ最近、利用者から同じ訴えがある。でも作話だし……？〜 … 16

第2章　グループホームにおける介護計画の必要性

①介護保険制度における介護計画書の位置づけ ……………………………… 18
- 介護計画の必要性・重要性への意識を阻むもの …………………………… 18
- 自分で決める自分の人生〜セルフケアプランが基本〜 …………………… 19
- 「相手の立場になって考える」って？ ……………………………………… 19
- ミニコラム④〜「他人（利用者）の気持ち」って、わかる？〜 ………… 20

②実地指導や外部評価における介護計画書の取り扱い ……………………… 21
- 実地指導をはじめとする市区町村の指導における介護計画書の取り扱い … 21

外部評価における介護計画書の取り扱い……………………………………………………… 21
　　　ミニコラム⑤〜外部評価にまつわるおかしな話〜……………………………………………… 22
　③グループホームにおけるアセスメントに必要な内容…………………………………………… 23
　　　アセスメントに必要な基本項目…………………………………………………………………… 23
　　　利用者から直接聞き取ることが困難な場合……………………………………………………… 23

第3章　サービスの流れと計画書の活用

　①介護計画書を作成する時期 ……………………………………………………………………… 26
　　　時期ではなく、利用者の変化に応じた介護計画書の更新・変更が大切………………………… 26
　　　ミニコラム⑥〜自分で考えない職員、責任を他の職員に転嫁する職員〜……………………… 27
　②アセスメントと介護計画作成の大切な視点と注意点…………………………………………… 28
　　　誰にでも・何でも自分のことをオープンに話せますか？………………………………………… 28
　　　入居前アセスメントは一度で完結するもの？〜複数回の事前訪問のすすめ〜………………… 28
　　　アセスメントは馴染みの職員に限る？…………………………………………………………… 29
　　　時間の経過と共に出てくる利用者の本音………………………………………………………… 29
　　　ニーズのつかみ方…………………………………………………………………………………… 29
　　　介護計画・アセスメントの作成にあたって……………………………………………………… 31
　　　アセスメント（聞き方）の注意点………………………………………………………………… 32
　　　ミニコラム⑦〜頭に入れておくべき利用者の気持ち〜………………………………………… 32
　　　ミニコラム⑧〜利用者にアセスメント中、メモを取ってもいいの？〜………………………… 33
　　　まとめ………………………………………………………………………………………………… 33
　③介護計画書と介護予防介護計画書の違い ……………………………………………………… 34
　　　要介護状態等に関係なく、意欲をもって生活できる環境づくりが大切………………………… 34
　　　ミニコラム⑨〜グループホーム内の介護支援専門員の役割は？〜…………………………… 34
　④家族とのコミュニケーション …………………………………………………………………… 35
　　　利用者の思いと家族の思い………………………………………………………………………… 35
　　　職員は家族になることはできない………………………………………………………………… 35
　⑤モニタリングと再アセスメント ………………………………………………………………… 36
　　　モニタリングを忘れずに…………………………………………………………………………… 36
　　　再アセスメントを必ず行う………………………………………………………………………… 36

第4章　各書式の解説と記入方法

　①基本情報 ………………………………………………………………………………………… 38
　②入居前情報（入居前アセスメント）…………………………………………………………… 40
　　　ミニコラム⑩〜入居したらケアプランはいらない？〜………………………………………… 40
　　　ミニコラム⑪〜家庭訪問の原則〜………………………………………………………………… 43
　③当面の介護計画書 ……………………………………………………………………………… 45
　④入居後情報（入居後アセスメント）…………………………………………………………… 46
　　　アセスメント要約表………………………………………………………………………………… 53
　⑤サービス担当者会議報告書 …………………………………………………………………… 54

⑥介護計画書（1）･･･ 55
⑦介護計画書（2）･･･ 56
⑧介護計画モニタリング表･････････････････････････････････････ 61

第5章　事例で学ぶグループホーム計画書のつくりかた

事例1　「健康を維持し、自分の思う通りに暮らしたい」と願う利用者の介護計画 … 64
　ミニコラム⑫〜誤解されている「共同生活」の意味〜････････････････････ 88
事例2　水頭症等（全介助）によりアセスメントが困難な利用者の介護計画 ･･･････ 89
事例3　身寄りがなく、ひとり暮らしをしていた利用者の当面の介護計画 ･･････ 93
　ミニコラム⑬〜生活環境から見えてくること〜････････････････････････ 94
　ミニコラム⑭〜近況報告のすすめ〜････････････････････････････････ 96
事例4　「自宅に戻って生活したい」と願う利用者の自宅復帰への挑戦!! ････････ 97
　ミニコラム⑮〜自宅復帰の実現へ必要不可欠な要素〜････････････････････ 118

第6章　グループホームにおけるデイサービス事業とショートステイ事業展開

①事業展開の意義･･･ 124
　グループホームに入居を考えている家族等の思い･･････････････････････ 124
②デイサービス／ショートステイ事業におけるサービスの特長（良い面）･････････ 125
　事業展開の特長や効果（まとめ）･･････････････････････････････････ 127
③デイサービスおよびショートステイ用書式の特徴とグループホーム計画書書式との違い… 128
④書式の構成と使用方法について ････････････････････････････････ 129
⑤アセスメント表および介護計画書の書き方について ･･････････････････ 131

付録　グループホーム計画書 オリジナル書式集

・基本情報【書式No.1】：2枚
・入居前情報【書式No.2】：5枚
・当面の介護計画書【書式No.3】：2枚
・計画書台紙：1枚
・入居後情報【書式No.4】：13枚
・介護計画書（1）【書式No.5】：1枚
・介護計画書（2）【書式No.5】：1枚
・介護計画モニタリング表【書式No.6】：2枚
・計画書台紙（共用型認知症対応型通所介護／短期利用共同生活介護）：1枚
・共用型認知症対応型通所介護計画／短期利用共同生活介護計画　基本情報【書式No.7】：2枚
・共用型認知症対応型通所介護計画／
　短期利用共同生活介護計画　アセスメント表【書式No.8】：7枚
・共用型認知症対応型通所介護計画書【書式No.9】：2枚
・短期利用共同生活介護計画書【書式No.10】：2枚

おわりに

表紙デザイン：ウメヅコウキ
表紙イラスト：永峰祐子
本文DTP　　：株式会社　大知
　　　　　　　有限会社　大関商会

第1章
グループホーム事業の「い・ろ・は」

　ここでは、グループホームについての基本的な事柄を確認しておきましょう。本書を活用いただいている方たちの多くはグループホームの計画作成担当者、あるいは介護職員として、少なからずこの事業に関わりをもっていることでしょう。

　このうち、現実問題として、介護保険制度やグループホーム事業について一定以上の理解・知識をもって日々の利用者サービスにあたっている方は、どれくらいいるのでしょうか──。私には、「大丈夫？」と疑問符をつけざるを得ないような方が少なからずいるように感じてなりません。

　グループホームの職員に限りませんが、専門職として職務に就くのであれば、活動根拠となる法制度の成立背景や趣旨を理解した上で、利用者と関わっていく必要があります。企業・組織の大小や業種に関係なく、仕事に関する知識や技術に対して興味を抱き習得しようとするからこそ、職業意識が高まり「専門家」と呼ばれるに相応しい存在になるのではないでしょうか（もちろん、それと同時に、人に対する尊敬の気持ちを深めていくことは言うまでもありません）。

①グループホームとは

グループホームが誕生したわけ（理由）

　介護保険制度の施行にあたり、グループホームは「認知症介護の"切り札"」と呼ばれていました。なぜ、そう呼ばれていたのでしょうか？　グループホーム登場の背景には、「かつての施設介護」への疑問があります。

　特別養護老人ホームなどをはじめとする従来の大規模施設においては、「利用者の生活」を施設側がコントロールする傾向が強くありました。排泄や起床時間などの日常生活動作はもちろん、レクリエーションの参加に至るまで、時間やルールを統一・管理し、「みんな一緒」と集団化させ、画一的なサービス提供しか行っていなかったのです（すべての施設がそうであったわけではありませんが、大部分の施設がそうでした）。こうした管理体制の下で、自由を奪われてしまったのでは、利用者1人ひとりの個性は活きないでしょうし、とても自立した日常生活を営むことなど困難であったでしょう。

　また、介護サービスの提供においても、当時の施設介護では集団管理を徹底していました。認知症状の有無に関わらず、自分の存在や役割を実感できる場面や機会はまったくありませんでした。それは、利用者にとって、よく言えば"上げ膳据え膳"であり、悪く言えば"何でもかんでも職員がやってしまう"状態であったのです。つまり、利用者が「ここで生活しよう！」と意欲をもっても、洗濯をはじめとする家事はもちろん、買い物にさえ行くことが叶わなかったのです（正確に言えば、買い物に行く機会さえ奪われていたのです）。それは"外出"においても同様で、「日課の散歩がしたい！」と利用者が思っても、「危険だから」「職員がついて行けないから」という施設側の理由で、建物には鍵をかけられ、閉じ込められていたのです。

　このような状況下において、認知症状を有している利用者においては、「今日は何曜日か？」「今、外は寒いのか？」さえもわからなく、しかも、楽しみも何もないのですから、さらに認知症状が進行するという悪循環に陥っていたのです。

　人は誰も、「意欲」をもってこそ初めて、頑張れるのではないでしょうか——。例えば、片麻痺になった利用者に対して「苦しいけど、頑張ってリハビリをしましょう」と言っても、利用者の目の前には"頑張りきれない現実"しかありません。ここでいう現実とは"病気で倒れたことで落ち込んでいる"であり、"片麻痺になった"というもう1つの現実については、まだ受け入れることができていないのです。しかし、そんな時でも「旅行に行きたい」「孫に会うために、自分の足で歩いて行きたい！」という思い（意欲）があれば、歯をくいしばれるのではないでしょうか。

　……それと同じです。日々の暮らしの中で、"自分らしい生き方"ができなければ、意気消沈して下を向いたままになってしまい、当然、認知症状の進行を止めることは困難になります。

　このような課題を抱える中で、「小規模な施設で」そして「住み慣れた街で」「共同生活で」がキーワードになりました。小規模であれば、孤立した状況の解消のみならず、利用者の1人ひとりのペースに合わせた介護サービスも行えます。住み慣れた街であれば、家に閉じこもってしまうこともなく、行きつけのお店にも通うことができます（知らない街であれば言葉の壁や風土の違いから"出たくない"との思いに駆られるかもしれません）。共同生活においては、利用者は自分らしい生活を送ることができる上、他の利用者を思いやる気持ちも出せますし、1人ひと

りが役割をもちお互いの生活を支えることもできます。こうした「自立心（意欲）や役割をもち暮らすことが認知症状の軽減あるいは進行を遅らせられるのではないか」という期待の中でグループホームは誕生したのです。

集団化、画一的なサービスに別れを告げよう！

これまで、多くの大規模施設が利用者を集団管理して画一的なサービス提供を行ってきたことについて考えてみましょう。

果たして、大きな施設そのものが、利用者の自立を妨げ、自由を奪う根源だったのでしょうか？ 逆に言えば、グループホームであれば、その利用者は自由で、しかも職員主導ではなく利用者が主体となれる生活が保障されているのでしょうか？

――私は、そうは思いません。

規模の大きさが問題なのではなく、利用者の生活を集団化・画一化するという管理を行っていることに問題があるのではないでしょうか。

今も昔も、利用者は1人ひとり、生活歴、性格、思い描く生活など「生き方の違い」から食べ物の好き嫌いなど「生活習慣」に至るまで違っているのが当たり前です。それを「施設」という枠の中に閉じ込め、「個の尊重よりも集団行動を」あるいは「個別性を重視したサービスより画一的なサービスを」重視してきたことに問題の本質があるのです。

もちろん、施設や職員側にすべての問題があったわけではありません。食事にまつわる保健所の衛生管理の縛り、介護そのものが専門領域になって日が浅かったこと、利用者側の"お世話になっているから"という遠慮の気持ちが前面に出ていたこと、4人部屋や立地など空間的な問題、制度や行政の考え方の変化……など取り巻く環境にも大きな課題や問題がありました。そのあたりは、この本では追いかけていると終わらなくなりますから、介護サービスに絞って考えます。

話を戻します。私は、前職において、職員の採用担当として多くの応募者と面接をしてきました。そのなかで、「グループホームなら少人数なのでよいケアサービスができるから」といった主旨の志望動機をよく聞きました。介護現場では、グループホームに対して感覚的（イメージとして）にそう思っている人たちが多いのでしょうね。「グループホームだから」――そんな保証はないのです。

結局のところ、規模の大小は違っても、そこに存在するのは「利用者」と「職員」であることに変わりはありません。やるのは職員！ 職員の考え方とやり方次第で大きく利用者の生活は変わります！ その1つの手段でもあるのが、アセスメントを十分に行うことです。アセスメントから利用者1人ひとりの違いを浮き彫りにすることで、施設やグループホームで、今でも続く集団化・画一的なサービスに別れを告げられます！

グループホームとは利用者が主体的に暮らすことのできる場所

グループホームは、利用者が主体的に暮らすことのできる場所です。つまり、介護保険サービス等を利用しながら、利用者自身が有する能力を発揮し、また役割をもつことで、生活意欲が高まり、自立した日常生活を送れる場なのです。「自分のことは自分でやる」ことのできる場所です。

②グループホームの運営基準の概要

　職員のなかには、自分が働く介護事業に関する運営の基準を「ほとんど知らない」と言う人が意外と大勢います。何も堅苦しい話や細かな法律を覚えようというのではありませんが、利用者の生活に関することですから、ぜひ興味を持って調べて理解を深めてください。

　本書は"グループホーム開設マニュアル"でありませんので、設置・運営の基準について長々とは触れられませんが、勘違いや思い込みのある運営基準の話を"今さら聞けない素朴な疑問"と"ミニコラム"を通じて確認しておきましょう。

居室の定員

《今さら聞けない素朴な疑問①～「居室（個室）を2人で利用できる」って、どんな時？～》

　個室の居室に2人で利用できるケースは2つ考えられます。

　1つめは、老老世帯の夫婦で「一緒に居ることが望ましい」場合です。認知症状を発症した妻の入居にともなって、それまで妻の介護を頑張っていた夫（要介護状態ではない）の心が空洞化して生きる意欲を失ってしまう可能性があるといったケースが想定されます。妻の入居の理由が「夫の介護疲れによる共倒れを避けるため」であっても、「2人で一緒にいること」が夫の生きる力になっていることがあるのです。そのような場合、利用者（妻）へのサービス提供に支障がなければ、2人での居室利用が認められます。ちなみに、介護報酬の請求対象は妻だけですし、居室料を定額（1名分）以上に請求はできません（食事材料費などは請求できます）。

　2つめは、夫婦（ともに認知症状あり・要支援2以上）揃って入居する場合です。このケースでは、夫婦が利用対象者ですから、個々に対して契約します。2部屋を同時に使うのではなく、1部屋を夫婦の寝室して、もう1部屋を居間として使うといったケースです。

　　　　　　　　　　　　　　　※市区町村により違いがあるかもしれません。

ユニットの定員

《今さら聞けない素朴な疑問②～入居者が定員オーバーしたらどうなる？～》

　例えば1ユニット（定員9名）のグループホームにおいて、「事情があって予備の部屋に1名入居させたために10名となってしまった!!」――このような場合、「定員の超過」としてユニット内の利用者（全員分）の介護報酬は減算され、70％しか請求できません。

　ただし、「定員超過」が認められる場合があります。それは市区町村の権限において「措置」として入居に至るケースです。介護保険制度が施行されてから措置制度がなくなったという印象があるようですが、まだ残っています。対象となる理由は、在宅生活をしている高齢者が同居の家族等からの虐待により、「継続してその場で暮らすことが困難で避難が必要である」と市区町村が判断し、その市区町村内にある福祉施設や事業所等に避難する場所を求めた場合等です。どこの事業所等でも受けるとは限りませんが、市区町村の要請で利用者を受け入れた場合は「定員超過」には当たりません。

　また、災害等の発生時などやむを得ない場合も可能です。

居室内の設備

《今さら聞けない素朴な疑問③〜ベッドや家具は事業所が備え付けておくべき?!〜》

　事業所が家具類を備え付けておく必要はありません。アパートを借りるのと同じと考えてよいでしょう。とはいえ実際には、ベッド（電動ベッド）やエアコンおよび家具等、何らかを備え付けている事業所が多いかもしれません。

　ベッドや家具があらかじめ揃っていることについて、利用者や家族側の視点で考えたらどうでしょうか？　よい点としては、（備品の色や形の好み等の違いは別にして）「持ち込む引っ越しの手間が省けた」「買わなくて済んだ」といったところでしょう。利用者や家族の中には「施設なのだから備え付けてあって当然」と思われる方もいるでしょうが、前述のようにアパートを借りるのと同じなのですから何もなくても問題はありません。

　では、備品を揃えることに不都合な点はあるでしょうか？　利用者が自身の使い慣れた備品を持ち込めない（あるいは、持ち込める点数が少なくなってしまう）などが考えられます。また、全居室の家具を統一して配置まで同じにしてしまうと、職員によるサービス提供においても画一化してしまう可能性があるのです。

> ミニコラム①〜「使い慣れたモノを居室に持ち込む」意味を考える！〜
>
> 　例えば、グループホームのすべての居室において、ベッドや家具等がすべて同じだったとしたら、どうなるでしょう？
>
> 　ほとんどのグループホームでは、すべての居室で同じ扉や壁紙が使われています。その上、家具まで同じだったら、間違えて別の利用者の居室の扉を開けても、すぐには自分の部屋かどうか区別できないと思いませんか——。
>
> 　繰り返しますが、グループホームは利用者個人が家賃を払って借りている"家"です。ですから、好きな物・使い慣れた物を持ち込むことは自然ですし、「在宅生活からの継続性の重視」を考えれば、住み慣れた家と同じ環境を整えるほうがベターかもしれません。また、集団生活において"私の部屋"と判別するためにも見慣れたものを置くほうがいいでしょう。
>
> 　さらに、家からなじみのモノを持参することは、利用者の気持ちをリラックスさせるのに役立ちます。入居当初は環境の変化、家族との別れ、住み慣れた家を離れた現実など、寂しさや不安でいっぱいです。また、他の利用者や職員に気を遣うあまりに疲れてしまうこともあるでしょう。そんな時、自分の時間や空間があれば、ほんの少しでも、ホッと一息つけるのではないでしょうか。そこに、使い慣れたモノがあれば、なおさらでしょう。そのような積み重ねによって、グループホームでの生活が利用者にとっての"住み慣れた都"になるのではないでしょうか。

> ミニコラム②〜「ベッドや家具を持ち込ませたくない」という家族の心理〜
>
> 　入居にあたって、家具等備品や身のまわりの衣類等を持ち込むわけですが、その方法は大きく2通りに分けることができます。
>
> 　1つは家から本人のモノを持参する方法。もう1つは入居に合わせて新しいモノを購入する方法です。ひとり暮らしの利用者が入居する場合以外は、家族が引っ越しの段取りをする

ケースがほとんど。「ただでさえ引っ越しは大変なのに、わざわざ古いモノを持ち込まなくても新品を購入すれば梱包の手間も省けるし送料もかからないし」……家族はこのような気持ちでいるようです。

私としては、「なるべく、使い慣れたモノを多く持参して欲しい」と、強制はしませんが、その意味や重要性について家族に話します。説明を聞いて、その意味を理解した上で、なおかつ新品を購入される家族もいます……それは"お家事情"なので、もう何も言えません。

とはいえ、それぞれの行動の根底にある家族の心理については見逃せません。親に対する複雑な心境の表れとして新品を購入する家族がいるからです。「グループホームへの入居が家族の絆を裂くものではないし、終わりを意味するのでもない。お互いが幸せに長く生きていくために生活の場を家からグループホームに変えるだけ」……頭では理解しているのです。しかし、親が家という空間からいなくなるのは事実であり、その上荷物まで送りつけてしまうと、「親を"追い出した！"」と自ら受け入れざるを得なくなってしまうのです。だから、せめて備品類はそのままにしておいて「いつでも帰る場所がある」「一時的な住み替えにすぎない」と、罪悪感を軽くしたいのでしょう。このような家族の葛藤についても、職員は思いをはせるべきではないでしょうか。

グループホームによっては、持参品について義務的に説明するだけ、さらにひどいところでは持参するモノを制限することさえあるそうです。それでいいのでしょうか……。

人員基準

《今さら聞けない素朴な疑問④～介護職員数が不足したらどうなる？～》

職員数が人員基準に対して不足する場合は、「減算」対象になり介護報酬は70％分しか請求できません（グループホームの介護報酬は1日単位で報酬額が決まっていますが、毎月の国保連への請求は1カ月単位〈1日～月末または利用日数分〉となります。したがって、同月内で人員不足があったとしても必ず減算となるわけではありません。詳細は以下を参照）。人員が不足する要因として考えられるものは、「介護職員数が3対1を下回っている」もしくは「介護支援専門員や管理者が不在」です。介護職員数の問題ないケースは次の通りです。

①介護職員が3対1を下回ると言う意味ですが、夜間勤務者の日中の勤務時間数を加えて毎日3対1になっている場合
②1カ月のうち、90％以上の日数で3対1を満たしている場合

次に挙げる場合は、減算の対象になるか、もしくは減算にはならないものの市区町村から何らか指摘を受けるでしょう。

①1カ月のうち、90％以下の日数や、数日しか3対1を満たしていない場合
　この場合、極論すれば「1日でも満たされていれば大丈夫」という市区町村もあります。市区町村としては「問題はあるが、問題なし」としか言えないのでしょうが、黒に近いグレーであることは確かです。
②1カ月を通して3対1になっていない場合
　これは完全にアウトです。

③グループホームにおける職員の役割～チームケアのすすめ～

「本書の特長」でも挙げましたが、介護計画書を作成する目的は利用者の安心を得るためだけではありません。利用者に対する職員1人ひとりの熱い思いと責任を持って果たす役割が、家族の安心や事業者（法人）の発展に寄与するのです。

ここでは、計画作成担当者や介護職員の心得を伝授します。

グループホーム職員の心得15カ条

1. 利用者への尊敬や敬意の念をもって仕事に臨むこと
2. 「主役は利用者である」ことを強く意識し、「職員は黒子である」ことを徹底すること
3. 利用者の人生、利用者の生活の支援ために職員が存在していることを念頭に置くこと
4. 利用者の「自分らしい生き方・生活」の実現に向けた支援をすること
5. 利用者に対して指示・命令しないこと
6. 自分がされたら嫌なことは、利用者にはしないこと
7. 利用者の気持ちは毎日変化することを知り、新鮮な気持ちで関わること（常に初心！）
8. 利用者にとっての一瞬、利用者の1日を大切にすること
9. グループホーム側の都合を優先したり、職員のペースで動かないこと
10. 「明日にしよう」と物事を先延ばしにしないこと（利用者は明日元気とは限らない）
11. 利用者の言動に対して、先走って手を出しすぎないこと（職員がやったほうが早い……などと思ってはいけない）
12. 利用者の言動に対して、「待つ」姿勢をもつこと（見守る介護を！）
13. 家での生活が継続できるように支援すること（利用者本来の姿がある）
14. 利用者の生活の様子を伝える等、家族とは常に連絡を密に図ること（味方につけよう）
15. 職員1人ひとりが責任感をもつ上で、1人で抱え込まないこと（チームでケアする）

職員は、利用者へのサービスや家族への対応、職員間の人間関係などで"悩む時""困った時""迷った時"……この心得に立ち戻ってみてはどうでしょうか。何のために自分たち職員が存在するのか、何のために苦しくても頑張れるのか、きっと初心に戻ることができます。

利用者はとまどっている

利用者はとまどっています。

なぜなら、グループホームに入居する多くの利用者は「他人の家にお邪魔をしている」あるいは「若い人にお世話になる」といった感覚をもっているからです。また、グループホーム入居前に利用した施設や病院での経験で、「勝手に動いてはいけない」「声（指示）がかかるまで待つ」という受身の姿勢になっている利用者もいるのです。さらには、そのような施設等で身に付いたものに、日本人の特有の国民性や長年の生活観などが合わさって複雑な心境となり、厄介な状態にあることも多いのです。

職員が「好きにしていいですよ」という思いで関わろうとしても、「主体的に暮らそう！」と行動する利用者が少ないのが現状です。利用者が自発的に思いのままに行動（生活）できるため

には、過ごしやすい時間や生活しやすい環境を整える必要があります。

　また、別の迷いもあります。グループホームに入居する新しい利用者は、すでに入居して生活している他の利用者の姿（生活の様子）や職員の言動を観察し見習う傾向にあります。この感覚は、新人職員が入社した時と同じではないでしょうか。"何をしたら良いかわからない"といった不安があると余計にまわりを気にしてしまいます。

　生活している他の利用者がすでに台所に立っていれば、「私は他人様の家の台所には入れない」と思う人もいるでしょうし、「台所は誰でも使っていいのだ」と感じる人もいます。どこで何がきっかけとなって利用者自ら主体的な暮らしをしていこうと感じるかは様々です。ましてや「家に帰りたい」と……それどころではない利用者が大勢いるのも忘れてはなりません。

入居前には「職員の役割」を必ず伝える

　入居前、入居を希望する高齢者等やその家族の方々にどのような話をしましたか？──ちょっと立ち止まって思い返してみてください。事業所のインフォメーションや契約書の説明は少なからず行ってきたでしょうが、「グループホームはどのような場所なのか」「計画作成担当者や介護職員等が何のために存在しているのか」について話しましたか？

　利用する高齢者等にとって、自分たち（介護職員や計画作成担当者等）は、「あなたの自立支援」および「あなたらしい暮らし・生き方」の実現に向けて支援・手伝うために存在しているのです！と宣言しなくてはなりません。

　結果として、入居当初に利用者が抱く気遣いや不安を和らげることにもなるでしょう。

　なぜ、このようなことを話すかというと、グループホームへの入居に際して意欲を持って自ら進んで入居してくる方が少ない現状があるからです。入居理由は、家族にまつわる話（同居できない・同居を継続できない等）が主です。利用者も冷静に考え、話を聞けば、その家族の置かれている状況を理解できるかもしれませんし、家族のことを思えば仕方ないと事情をのめるかもしれません。しかし、家族と離れることや住み慣れた家を出て行くことは、頭の中の理解だけでは収まりのつかないものです。「入居をしたら最後、人生の終末だ」と落ち込んでしまう利用者もいます。「そうではなく、住む場所は変わるけど、自分らしく、好きなことを気兼ねなく行いながら暮らすことができる」ことを十分伝えましょう。

1人ひとりの職員の頑張りがチームケアの原動力

　1人ひとりの職員が責任をもとう！　そしてチームでやろう！　計画作成担当者が1人ですべてをやろうと思わないことです。また、介護職員であれば計画作成担当者任せにしないことです。

　介護計画書は、利用者自身の生活の質の維持・向上のためのものですから、利用者に話を聞き、「その実現にはどのようなサービスを具体的に行えるか」について介護職員や主治医等と相談し、計画を作成しサービスに努めれば良いのです。

　グループホームは1つ屋根の下で継続して同じ職員がサービスにあたります。仕事は決して1人でやっているものでも、1人の存在で成り立っているものでもありません。利用者から信頼を得ている職員であっても、さすがに24時間勤務（ケア）はできないのですから、全職員が同じ目線で利用者と接することや職員間の強固な連携は、サービスを行う上で重要なのです。

　グループホームにおける職員間のコミュニケーションは、在宅サービスに比べると取りやすい

状況にあります。とはいえ、交代勤務が宿命の勤務体制ですから、当然すれ違いも起こる可能性も大です。「同じ法人（会社）の仲間であっても話しづらい」「先輩の職員に言いづらい」などの気持ちを1人の職員が抱いてしまうと、近くにいながらお互いが遠い存在になってしまいます。話しかけにくい雰囲気は個人の感覚では終わらず、まわりに影響を及ぼします。特にグループホームは狭い空間ですから、職員間の雰囲気は利用者にも伝わってしまいます。利用者は凄くよく見ていますよ！ 職員が仲間に話しかけづらい状況で、利用者には「何でも言ってくださいね！」と伝えても返ってくるものはないでしょう。そんな職員間がバラバラな状態では利用者へのサービスは"良い"と呼べるものでないことは明らかです。しかし、そんな状態でも利用者の生活は止まることなく続いていることを忘れてはなりません。

　どこの職場でも、全員がリーダーシップをとろうとするわけではありません。役職者が引っ張るところもあれば、ムードメーカーが職場の雰囲気を明るくするところもあります。いずれにせよ、誰か1人でも、仕事に責任を持ち行動する人がいなければ始まりません。チームケアの基本は1人ひとりが責任を持ち行動することで成り立つのですから。

　目の前にいる利用者の一瞬一瞬の大切な時間を無駄にせず、利用者ニーズに応えていく責任が職員1人ひとりにはあるのです。1人の職員の責任をもった言動は、まわりの仲間を刺激するでしょう。そんな元気のある職員は仲間の職員にどんどん話しかけ、一緒に利用者の幸せや介護のあるべき姿について話すべきです。仲間が増えてくれば仕事はさらに楽しくなるでしょうし、利用者サービスの困難なケースにぶつかっても乗り越えられるでしょう。こうした力がチームケアには必要なのです。

　ただし、疲れきってしまい介護の仕事が嫌になり、燃え尽きてしまわないように自分自身も大切にしながら一歩を踏み出し仲間を作りましょう。

計画作成担当者の責任

　計画作成担当者は、介護計画の作成に責任をもたなくていけません。しかし、これまで話したように自分ひとりで抱えるという意味ではありません。アセスメントなどは、利用者が信頼を寄せる馴染みの介護職員が話を聞いたほうが、本音トークが少しでも出てくるかもしれませんし、医療的な問題が利用者の悩みであれば主治医とも十分相談する必要が出てくるでしょう。

　話は飛びますが、一般的に会議を開催する場合、誰かが「会議を開催しよう」と提案しないと始まりません。また、誰かが「会議に必要な資料の準備」をしないと議題が決まりません。誰かが「議論のまとめ」をしないとダラダラして終わりません――計画作成担当者は、こうした音頭を取る役割を担う責任があるという認識をもっておくべきでしょう。

　1人ひとりの職員の頑張りと、チームによるケアが「利用者の幸せ」につながるのです。

《ミニコラム③～ここ最近、利用者から同じ訴えがある。でも、作話だし……？～》

　私があるグループホームの事務室にいると、隣の台所で食事の仕度をしている職員に利用者が話しかけているようです。時間は、午前10時半ごろです――。

利用者：「○○さんの葬式は明日かしら？　今夜のお通夜は何時からなの……」
職　員：「○○さんが亡くなった話は聞いていませんよ」
利用者：「何を言っているの！　あなたから亡くなったことを聞いたのよ！」
職　員：「私は言っていませんよ！」
利用者：「そんなことないわ、今朝、あなたからお通夜のことも聞いたのよ！」
職　員：「何かの間違いじゃないですか？」
利用者：「どうして、嘘をつくの？」
職　員：「嘘はついていません……」

　職員に騒動の理由を聞いてみると、「○○さんのお通夜はいつなの？」という利用者の話は今日だけではなく昨日もあったとのこと。ユニットの他の職員にも聞いてみると、「ここ数日続いていて、いつも時間は今ごろ」と。
　ここでの問題は、「ここ数日、続いている」という事実に対して何の手立てもしていなかったことにあります（職員は「また今日もかぁ」との思いで対応していたのです）。
　それぞれの職員が情報を共有しているにもかかわらず、「単なる作話」としかとらえず、「聞いていないのだから」と正直に答え続けて、最終的に利用者を怒らせてしまう………の繰り返しだったのです。
　利用者は「あなたから聞いた」と言い、それに対して職員は「言っていない」と返答する――このやりとりによって、利用者には「どうして、職員は嘘をつくのだろうか」と"疑い"や"不信感"が芽生えてしまうのです。話そのものは実在しない（○○さんはすでに亡くなっている）にもかかわらず、職員に対する不信感だけは増大し、それが利用者の感情には残ってしまいます。
　この利用者は信仰心に厚く、先祖供養に熱心で、入居後も毎日、仏壇に花と水をお供えしていました（月に一度は、甥に同行してもらいお墓参りをしていました）。
　このような情報を得たので、「お墓参りは最近いつ行ったのか？」と、職員に確認し、記録を調べると、この３ヵ月、甥の仕事が忙しく行っていないことが判明。「お墓参りは甥の役目」と判断した職員が、この状況を気に留めず、見過ごしていたのです。
　そこで、担当職員に対して、「その日のうちにお墓参り出かけるように」と助言をし、早速、担当職員と利用者はお墓参りに向かいました。お墓の前で……束子で墓石を磨きながら「来られなくてゴメンね。来られなくてゴメンね」と泣いて繰り返していたそうです。
　次の日から、その方が"お通夜"の話を聞いてくることはなくなりました。

第2章

グループホームにおける介護計画の必要性

　ここでは、「介護保険制度における介護計画書の位置づけ」「実地指導や外部評価における介護計画書の取り扱い」「グループホームにおけるアセスメントに必要な内容」について考えます。制度上、介護サービス事業所には介護計画の作成が義務づけられています。しかし、単に決まっていることだから、作成すればよいというものではありません。ケアプランの本来の意味や作成する上で考えなくてはならないことがあります。そして、利用者の「その人らしい生活」を実現するための介護計画作成には、利用者の「生き方」から「日常の日課や習慣」に至るまで幅広く情報を得る必要があります。

①介護保険制度における介護計画書の位置づけ

　グループホームの運営基準では、次に挙げることを踏まえて介護計画を作成することが義務です。

> ア．管理者が計画作成担当者に計画作成を担当させること
> イ．介護計画の作成においては地域おける社会活動や通所介護の活用など、利用者の多様な活動の確保に努めること
> ウ．利用者の希望を踏まえた内容にすることや他の職員と協議の上、具体的な内容であること
> エ．介護計画の内容を利用者に説明し、同意を得ること
> オ．介護計画を利用者に交付すること
> カ．介護計画の内容は必要に応じて変更すること

　上記の通り、介護計画を作成することはグループホーム運営において重要な役割の1つであると同時に、利用者への介護サービス提供には欠かせない要素です。

　また当然ですが、ただ単に運営基準に従って作成していればよいものでも、書面として残せばよいものでもありません。とはいえ、アセスメント内容についての「必要な項目や内容」「作成するタイミング」について明示されていないのも事実です。したがって、計画作成担当者や介護職員、事業者自身が十分に熟知して、利用者のニーズに応える方法や手順が示された具体的な内容になるよう、取り組まなくてはなりません。

介護計画の必要性・重要性への意識を阻むもの

　職員の皆さん、利用者1人ひとりに目を向けていますか？　実際、1人ひとりの利用者が満足できるようなサービスを行おうとする職員は多いのですが、まだまだ全体的には大きな施設同様、タイムスケジュールによる介護サービスを行っている事業所もあるのが現状です。

　タイムスケジュールによる介護サービスでは、集団化や画一的なサービス提供であるため利用者1人ひとりの意向や生活習慣は反映されにくいです。いや反映されないといえます。職員は、利用者1人ひとりの希望する食事時間や食事内容を知らなくても、グループホーム側（職員も含む。職員が決めて実行しているから）で決めた食事時間や内容通りに、食事を提供しておけばいいのです。仮に、利用者の意向を知っていたとしても職員が利用者の思いに応えるよりも、職場のやり方に従うことを選んでしまえば結果は同じです。タイムスケジュール化された介護サービスでは、職員が利用者の1人ひとりの違いに目を向けないでも時間は過ぎ、1日は終わるのです。

　利用者が望んでいることは何か？　そんな興味さえもてないままでいれば、介護計画の必要性の認識や重要性に対する意識は向上しません。

　職員は、毎日頑張っています。しかし、その頑張りや努力が要らぬ方向に注がれてしまうのはもったいないことです。例えば、食事。食事を残すことは、食べる物がなかった時代を経験している利用者とっては簡単にできものでありません——食べたくなくても残さないでしょう。そんな内面を考えず、"全部食べた"という表面的な結果だけに着目して、"提供してよかった！"と

いった方向に意識が流れてしまうのはどうでしょうか。タイムスケジュール化された介護サービスの欠点なのです。本来のあるべき介護計画の意味を正しく理解して、実行していくためにもグループホーム全体でタイムスケジュール化した現状を考え直す必要があります。

自分で決める自分の人生〜セルフケアプランが基本〜

　介護保険制度では、利用者の自立の支援と日常生活の充実に資する介護サービスを行うことが求められています。充実した日常生活の中身は利用者1人ひとり違いますし、自立の支援についても、利用者は生活する・生活しようとする意欲がもててこそ（人は）自ら動こう（頑張ろう）とするものです。

　介護保険制度の基本は1人ひとりがどのような人生を送りたいのか、どのように暮らしていくかを自ら決めることができる制度でもあります。自分らしく暮らす・自分の人生を自らプロデュースすることは当たり前の考えでもあります。自分自身の人生は他人から指図されるものではないですし、批判されるものでもありません。自分の人生設計を自らプランニングすることは国民の権利でもあります。それは、介護保険制度において考えても同じで、本来ケアプランはセルフプラン（自分で決めること）であるはずです。

　セルフプランの前提のもと、実際、自ら（セルフ）プランニングすることが困難等の状況にある利用者に対して在宅では介護支援専門員、グループホームでは計画作成担当者が存在するのです。介護支援専門員にしても計画作成担当者もそうですが、利用者に代わって（作成代行者）計画を立てるわけですから、利用者の人生や毎日の暮らしに対するニーズ（意向）を実現するために、どのようなサービスを組み立てればよいかを利用者や介護職員等と相談しながら具体的に明示して作成していきます。ですから作成代行者の勝手な判断や都合のよい内容では何の意味もありません。常にケアプランは利用者自らが自分の人生のために描き決めるものであることを忘れないようにしましょう。

「相手の立場になって考える」って？

　グループホームに限らず、「相手の立場に立って」という言葉に置き換えてケアプランや介護計画を作成・実行していくといった方法を取り入れている計画作成担当者等が多いのではないでしょうか。

　相手の立場になり考えることは素晴しいことですが、一歩間違えると先ほど言ったように、職員やグループホーム側の都合のよいものにもなる危険性を含んでいることを十分承知しておく必要があります。利用者を抜きにした状態で物事を決めてはいけません。

　心身共に信頼の置ける付き合いの長い介護支援専門員や計画作成担当者等であって、まわりの環境や法人（会社）や上司の都合にも左右されない信念を貫ける人であるなら、「相手の立場に立って」という言いまわし通り、本人の心を十二分にくみ取れる代弁者になれるかもしれません。

　「相手の立場になって考える」ということは、単に、何がいいのかなぁ〜と想像をめぐらす話ではいけません。"根拠"が必要です！　裏付ける理由が必要です。

　利用者のニーズや介護計画にうたわれた内容の"根拠"やそれを"裏付ける"理由を知るにはどうしたらよいでしょうか？　それは、利用者のことを知ることです。計画作成担当者は利用者と同じ人生を歩んできたわけではありませんから、話から生活の歴史を知り、今の思いを知り、

日々の関わりの中で人間関係を構築すること等を並行して積み重ねていくこと、それを繰り返し行うしかありません。アセスメントを十分に行い、利用者と過ごす時間を大切にすることです。

> **ミニコラム④〜「他人（利用者）の気持ち」って、わかる？〜**
>
> 　「相手の立場になって考えよう！」という言葉をよく耳にしますよね。ひねくれ者の私としては、職員に対してこうした言葉を用いたことはありません──人の気持ちはわかりません！難しい！
>
> 　なぜか──簡単に言えば、「他人の気持ちを100％代弁することはできない」からです。もちろん、「相手の身になって考える」ことや、「相手の置かれている立場を理解する」ことは、必要です。それを理解した上で、この話をしたいのです。
>
> 　利用者である高齢者等は、何十年も生きていて、苦しいこと、楽しかったこと数知れずあったでしょう。戦争を経験し戦地に赴いた方もいれば、家族との別れを経験した方もいるかもしれません。食べたくても食べる物がない時代を乗り越えて来た世代です。女性は結婚をして家に入り家事や子育て奔走し自分の時間がもてなかった世代でもあります。
>
> 　それら多くの出来事を、「話」としては理解できても、それは決してその立場を経験したことにはなりません。私たちも同じです。例えば、私の辛い出来事と隣にいる友人の辛い出来事は決して比較するものでも比較できるものでもないのです。私からすれば"そんなこと、落ち込むことじゃないでしょ！"といったことであっても、本人にとっては重大な出来事なのです。それは、人それぞれ価値観、人生観や大切なモノなど思いが違うから仕方ないことですよね。その辛さに対して時間を共にし、寄り添うことはできても代わることはできません。
>
> 　年齢等関係なく職員の誰もが"相手の立場に立って！"と唱えても所詮無理があるということです。単に"相手の立場に！"と合言葉のように唱えて終わってしまわないためにはどうしたらよいでしょうか？！
>
> 　方法は1つではないにせよ、アセスメントを十分に行うことです‼　利用者の長い歴史をすべて追いかけるのは難しいでしょうが、最近半年だけの情報だけではなく、入居前の生活や病気に倒れる前の生活の様子や利用者が自分らしく暮らしていた家での暮らしの様子などアセスメントをすることです！　そうすれば、ほんの少しでも利用者の代弁者や作成代行者に、胸を張ってなれるのではないでしょうか。

②実地指導や外部評価における介護計画書の取り扱い

実施指導をはじめとする市区町村の指導における介護計画書の取り扱い

　グループホームは、事業所所在地の市区町村による「指導」を受けることが義務付けられています。まず、「指導」についてですが3種類あります。「集団指導」「実地指導」「立寄指導」です。「集団指導」は、事業所が1箇所に集められて講習を受けるような形で制度改正内容等の説明・指導を受けます。「実地指導」は、毎年または2年（程度）に一度、グループホーム内で行われ、厚生労働省（以下、厚労省）の指導重点事項を中心に、運営基準に従って書類の確認や面談により調査・指導されます。「立寄指導」は、介護給付に調査が必要と判断されたり、家族等からの情報提供を受けた場合に、特に調査が必要と認められた時にグループホーム内で行われます。

　「実施指導」と「立寄指導」においては、調査中に、著しい運営基準違反が確認され、利用者の安全に危害を及ぼすおそれがあると判断された場合や介護報酬の請求に誤りがあって著しく不正な請求と認められた時は、その場から「監査」に移る仕組みになっています。

　「介護計画書」が主として指導の対象となる場は「実地指導」の時です。その指導内容は、人員基準が満たされているかをはじめ、制度改正等により新しく調査する項目も増えてきますので、介護計画書だけが注視されるわけではありません。しかし、運営の基準通りに整備されているかを調査するわけですから、計画作成担当者の研修の受講状況や介護計画作成の進捗状況は細かく見られると思って違いありません。

　市区町村の職員が介護計画の作成について目を凝らしてみる点は作成の"プロセス"です。運営の基準にうたわれている点について実際に行われているかどうか書類やヒアリングを通じて確認するのです。

外部評価における介護計画書の取り扱い

　次に外部評価ですが、市区町村が行うものではなく、毎年、外部評価を行う団体（法人等）にグループホーム側が依頼をして受けることが義務化されています。

　外部評価においては、家族へのアンケートの実施など「利用者サービスの内容や取り組み」に重点を置いて調査するものになっています。地域とはどのような交流をしているのか、利用者のサービスが実際どのように行われているのかを中心に書類の確認と面談にて評価していくものです。食事を作っている場面の見学、利用者と一緒に食事をする、管理者や役職者以外の職員からもヒアリングする、家族への事前アンケートを取るなどが特徴と言えます。

　介護計画については、事前アンケートの中で"閲覧OK"と同意が得られた利用者の計画書やケース記録が見られる対象です（余談ですが、職員は当日、家族の同意があるにせよ利用者に確認・了解を得てから見せることを忘れないでください）。評価に伴う調査の中身ですが、実施指導等より細かいと考えましょう。例えば、介護計画に食事の項目の計画がされている場合、食事のチェック表があるかないか、栄養士と連携しているか、嗜好調査をしているのか、カロリー計算はされているか、水分チェックはしているのか……まで聞かれます。

　最後に、実地指導や外部評価においてチェックされる点（視点）について、いくつかポイントを挙げておきましょう。

ア．介護計画書は利用者全員分、作成されているか
イ．介護計画書は利用者にサイン（確認印）をもらっているか
ウ．利用者の同意をもらった上で、介護計画書を交付しているか
エ．介護計画書の作成時期が適切かどうか
オ．アセスメントが行われているかどうか
カ．モニタリングの実施や記録が整備されているか
キ．介護計画書に目標が設定されているかどうか

運営基準に従って介護計画書の作成を進めることは言うまでもありませんが、利用者のニーズや状態の変化に対して速やかに見直し・変更していくことも大切です。

ミニコラム⑤ ～外部評価にまつわるおかしな話～

　私は、以前、グループホームの運営に関わっており、全国10箇所以上の外部評価を受けてきました。外部評価を受ける中で、「えぇ～何で？」「どうして、そうした評価になるの？」など、驚くべきことがたくさんありました。ここでは食事に関する話を紹介します。

　評価員が昼食を食堂（リビング）で利用者と一緒に食べている時のこと。利用者の1人は食堂ではない別の"リビング"で（1人で）食事をしていて、別の利用者は朝昼は兼用で1日2食のためで居室にいました（食堂にユニット利用者全員が揃ってはいませんでした）。評価員は食後その場を離れてからも、職員に対して食事の質問をすることなく、時間は過ぎていきました。最後の講評の際、こんな一言を告げたのです――「ユニット利用者が全員揃って食卓を囲んでいなかった。全員が揃って食事をするべき」と……。しかも「改善するように」との評価だったのです‼　「何で？　そうなるの？」――疑問に思わないほうが不思議でしょっ！

　「集団的・画一的な施設的介護からの脱却」を目指して誕生したグループホームなんだから……日常生活はみんな違うもの。「いつ、どこで食べるか」は利用者の生活習慣の問題であるし、利用者同士の人間関係もあります。この評価員は、職員が一斉に集合をかければよいというものではないことをまったく理解していないのです。評価員が評価員になるための研修の際に覚えたことなのでしょうか？　それとも、評価団体の方針？　あるいは、評価員の個人の感性？……いずれにせよ、グループホームは"ミニ特養"じゃない！

　利用者1人ひとりに対するアセスメントを行えば、食事の嗜好はもちろん、「落ち着いて食事をできる場所はどこなのか」「生活習慣を大切にしたい利用者が望む食事の時間帯は何時なのか」また、「その日の気分によって異なる場合もある」ことに気づくはずです。このような、アセスメントに基づく結果が「いつ、どこで食べようがかまわない」であれば、胸を張って「利用者本位です」と言えるのではないでしょうか！

　単に、評価員の評価を鵜呑みにするだけでもなく、突っぱねるだけでもいけません。自身の事業所が行うケアを見つめるいい機会にしましょう！

　ちなみに、私がこれを説明した後、評価は一変しました……「これからも続けてください」と。

③グループホームにおけるアセスメントに必要な内容

アセスメントに必要な基本項目

　介護支援専門員の資格をもった計画作成担当者であれば知っている人も多いでしょうが、アセスメントに必要な事項（内容・項目）が厚労省より通知されています。アセスメント実施に当たり、聞き手である職員や事業所の都合が優先される等、偏った課題分析や情報収集にならないためでしょう。アセスメントにおいては「必要な事項を十分に備えた内容でなくてはいけない」とされています。通知されている内容は次の通りです。

　【基本情報】に関する項目として、受付情報・利用者本人の基本情報・生活状況・利用者の被保険者情報・現在利用しているサービスの現状、障害老人の日常生活自立度・認知症である老人の日常生活自立度・主訴・認定情報・課題分析理由。

　【課題分析（アセスメント）】に関する項目として、健康状態・ADL・IADL・認知・コミュニケーション能力・社会との関わり・排尿排便・じょくそう／皮膚の問題・口腔衛生・食事摂取・問題行動・介護力・居住環境・特別な状況、となっています。

　居宅において介護支援専門員がケアプラン作成に必要とする情報等は、上記の項目だけで十分なわけではありません。

　では、グループホームにおけるアセスメント項目（内容）についてはどうでしょうか。厚労省が示すアセスメントに関する必要事項は網羅するとして、その他に、どのような情報等があれば利用者へよいサービスが行えるでしょうか？　利用者の生き方や生活全体の様子が浮ぶような項目が必要となります。グループホームの職員は生活の一部の時間だけ関わるのではなく、生活全体・1日を通して関わりをもつ事業であるからです。

　利用者の生き方・生活全体のニーズ（意向）、利用者の主体的な生活の様子、それぞれの生活場面のニーズの有無や内容、日課や趣味活動等生活習慣に関する内容、職員の関わり方や実情、その他家族等の意向や協力体制等の有無や内容といった事項が必要となります。

　単にADLや疾病に重点を置いただけの内容にせず、ADLや疾病も含め生活に関するあらゆる内容を網羅しなければ「利用者の人生を支援する」ことはできません。

利用者から直接聞き取ることが困難な場合

　利用者の中には、時間の経過や認知症状の重度化、疾病、ADLの低下などにより言葉によるコミュニケーション（文字盤等も含め）でその意思を聞き取ることが困難になってくる場合が考えられます。その際、聞き取れないからといって、職員がサービスしやすいような計画や職員の都合等が前面に出した計画を作成するようではいけません。

　しかし、職員としては聞き取れなくても、何らかの方法で利用者の意思や思いに応える必要があります。利用者のその場の意思を100％代弁することは無理にしても、思いに近づけることはできないでしょうか。

　この章の「介護保険制度における介護計画書の位置づけ」でも触れましたが、誰かが代弁者になる必要があることと、代弁者であっても介護計画作成の中身について根拠や理由が必要だと話しました。その根拠や理由の中心になるのが、「過去のアセスメント」や「昨日までの生活の様

子を記した記録」です。過去のアセスメントは入居前の情報も含めてのことです。過去のアセスメントや生活の様子を基に、疾病や各種介助を要する場面についてどのような対応が必要かを洗い出し、その場その場で利用者に確認しながらサービスを行っていくしかありません。新たなアセスメントはこうした情報を最大限活かしながら進める必要があります。

　本書では、「基本情報」「入居前情報」「入居後情報」「介護計画書1・2」「当面の介護計画書」をグループホームにおける介護計画の書式として構成しています。利用者の自宅での生活の継続が、グループホームでの生活を豊かにさせる一番の条件であると考え、入居前の生活の様子の情報等「入居前情報（入居前アセスメント）」を得ることにも重点を置いています。
　その上で、利用者の現在の様子を聞き取った「入居後情報（入居後アセスメント）」を合わせて利用・分析することができます。両方を合わせて使うことで、アセスメントが利用者本人の口から直接聞き取れなくなった場合でも、それまでの入居後の情報と入居前の自分らしい暮らしの情報を基にしてケアサービスの方法を具体的に立案することができます。そうすれば、職員の都合が優先された計画ではなく、100％とは言えませんが、少しでも利用者本人の意思に沿った内容であるといえるのではないでしょうか。

第3章
サービスの流れと計画書の活用

　ここでは、「介護計画書を作成する時期」「アセスメントと介護計画作成の大切な視点と注意点」「介護計画書と介護予防介護計画書の違い」「家族とのコミュニケーション」「モニタリングと再アセスメント」について考えます。
　介護計画は定期的に見直し等を行うわけですが、「次は半年後でよい」といったものではなく利用者の様々な変化に応じて見直し等がされるべきなのです。また、アセスメントや介護計画作成において職員主導の中身にならないためにも、「ニーズのつかみ方」など注意しなくてはならないことがあります。

①介護計画書を作成する時期

時期ではなく、利用者の変化に応じた介護計画書の更新・変更が大切

　グループホームの運営の基準には作成時期は具体的に明示されていません。

　とはいえ、ただ作成してあればよいということではありません。最新の介護計画書の日付が今から"2年前"では話になりません。また、利用者の身体的状況や認知症状等にあまり変化が見られないからといって、日付を変えただけでアセスメント表や介護計画書の内容を変更せず、そのままのコピーで済ませてしまうのもいけません。

　利用者の1日の暮らしを積み重ねた生活の様子がアセスメント表や介護計画書に反映されるわけですから、毎日、書き換える・書き加える情報があると言っても過言ではありません。

　市区町村により見解が違うかもしれませんが、共通して認識されている計画書の有効期間は、おおむね"6カ月"でしょう。これは、過去に被保険者の要介護認定有効期間が原則6カ月であったことに由来しているようです（現在では1年を基本に3〜24カ月間までに設定されています）。

　では、ただ単に6カ月（半年）ごとに見直しをすればよいのでしょうか？──そういったわけにもいきません。なぜなら、実際の利用者においては、生活やニーズ、身体状況等に至るまで様々な変化が考えられるからです。そうした変化に応じてサービス内容も変更していく必要があることは言うまでもありません。実際の多くの介護の現場では、サービス内容や関わり方については変更して実行していることが多いでしょうが、介護計画書まで手がまわっていないことが多いのではないでしょうか。「サービス提供が最優先、計画書はその次」と後まわしせず、職員全体で共通した認識で行うためのツールとして計画書の更新・変更を行いましょう。

　「利用者の生活に対する希望や身体的状況の変化に1日たりとも遅れることなく介護計画書を変更しろ」とまでは言いませんが、"すぐに見直し行動に移す"という意識は必要です。

　そこで、「いつ・どのタイミングで？」見直しをかけ、介護計画書を更新・変更すべきかについて、以下に明示します。

	作成のタイミング	作成・記入する書類
1	○入居の問い合わせ時 ○入居が決定した時 ○入居前の期間	○相談受付表 ○基本情報 ○入居前情報（入居前アセスメント）
2	○入居の日（当日までに）	○当面の介護計画書
3	○入居日から1カ月の間で	○入居後情報（入居後アセスメント）
4	○入居から1カ月程度	○（最初の）介護計画書（1）（2）
5	○最初の介護計画書作成後 　①入居時（当面の介護計画書） 　②入居1カ月程度後介護計画書 　③前回の作成から半年程度経過した時 　④利用者の希望が変わった時 　⑤目標設定やサービス期間の期日が迫った時	○介護計画モニタリング表 ○再・入居後アセスメント ○介護計画書（1）（2）

⑥ADLの変化が認められた時
⑦病気や怪我で入院し、退院する(した)時
⑧要介護認定が更新された時
⑨要介護認定が変更された時
⑩利用者の意思が直接確認できなくなった時

例えば……利用者Aさん。

平成○○年9月30日で認定が切れます。新しい認定の有効期間は平成○○年10月1日～○○年9月30日までです。最新の介護計画書の作成日は平成○○年7月1日付です。9月30日までAさんの希望等に変化がなかったとして……次に見直すのは、最新から6カ月経過していませんが、9月下旬にはモニタリングおよび再アセスメントや必要な会議を行い、10月1日付けで介護計画書の作成を終わらせておく必要があります。

通常であれば認定が更新される2カ月前頃、「更新のお知らせ」が利用者のもとに届きます。申請後、認定調査等を終えて1週間前には新しい認定通知が届くことでしょう。

こうした時期の見直しに限らず、利用者の状態や認定期間の変更・更新時に速やかに行える体制作りから必要です。ただし、要介護認定の要介護度が変更になったからといって、サービス内容はケア方法をすべてにおいて（絶対）変更しなくてはいけないというものではありません。

> **ミニコラム⑥～自分で考えない職員、責任を他の職員に転嫁する職員～**
>
> どちらが悪いのか？　両方悪い！
>
> ある介護技術の講習会の講師を務めた時のことです。私が「どうして、そういうやり方（介護技術）をしているの？」と質問すると、「学校でこう習いました」「先輩職員から教わったからです」と返答する職員がほとんどです。
>
> それに対する疑問や、やりづらいことはないかと尋ねると、「おかしいと思ったけど、隣の職員も同じやり方だったから」「やりづらいけど、他の方法はないから」と、誰もが決まり文句のように同じ答えばかり。照れくささからの言い訳ならいいんですが……。
>
> "考えない職員""疑問に思わない職員""教えてもらった人に責任を転嫁する職員"が実に多い！　これでは専門家じゃない！
>
> 利用者サービスを行うよきチーム（ケア）の条件は、1人ひとりの職員が「自覚をもって考える・行動する」ことから始まるのです――他人の責任にしないことなど、最低条件です！

②アセスメントと介護計画作成の大切な視点と注意点

誰にでも・何でも自分のことをオープンに話せますか？

　アセスメントの実施にあたっては、「全人的なとらえ方」をしなければなりません。生活の様子をはじめ、身体機能面、社会的な立場、心に秘めた内面の問題等あらゆる点からアセスメントを進める必要があります。聞かなければ始まらないと言えるかもしれません。

　皆さんはいかがでしょうか？　誰にでも・何でも自分のことをオープンに話せますか？──私は無理です。他者に自分の話をする、打ち明けるには、大きな勇気が必要です。例えば、家族には言えないこと、父親には言えないが母親には言えること、仲のよい友人にしか言いたくないこと、居酒屋で隣の席にいた見ず知らずの人だから言える愚痴、絶対に誰にも言えないこと……など、話す内容や状況によって相手は異なります。「何でも気兼ねなく言える」状況はない、ことを計画作成担当者や職員は肝に銘じておく必要があります。

　特に初対面であれば、誰でも相手に対して警戒心をもつのが普通であり、いきなり"心の内"は見せないでしょう（ソーシャルワークの力量によって、多少の差は出ることもあるかもしれませんが）。

　そんな状況でも、"話しやすい雰囲気や空間"について考える必要があります。同じ初対面であっても、家族が横にいる状態であれば話しやすいのか？　あるいは、利用者と1対1で話すほうがいいのか？　家がいいのか別の場所がいいのか？　など、利用者の希望に沿って、話しやすい雰囲気や空間を演出しましょう。

入居前アセスメントは一度で完結するもの？〜複数回の事前訪問のすすめ〜

　入居前には、利用者やその家族がグループホームを見学しに来たり、職員が自宅等を訪問してグループホームの特徴や利用者の権利について説明（初回訪問）することもあるでしょう。あるいは、利用者を受け入れる（入居OK）のに必要な情報等が揃うまでに、再度訪問を行う場合もあるかもしれません。つまり、入居が決まるまでの間に、利用者やその家族と持つ接点の中で、すでにアセスメントは始まっているというわけです。

　入居前アセスメントは、先ほども話した通り、初対面の中で短時間（1時間以内でしょう）で行われているケースが多いでしょう。そのような中での「利用者との人間関係」はいかがでしょうか？　利用者は本音を語っていたでしょうか？　その後2週間を経て、グループホームに入居してくる利用者が職員の顔を覚えているでしょうか？　入居を決めたときの気持ちや記憶が薄れているといったことも十分に考えられませんか？

　さあ、入居が決まりました。入居までには2週間があります。皆さんのグループホームではこの2週間をどのように活用しますか？　利用者や家族が了解していただけるという前提で、もう一度訪問してはどうでしょうか？　私はずっとそうしてきました。特別なことをしにいくというわけでありません（しいて言えば、「生活の様子がうかがえる」といったことはありますが、それはオマケのようなものです）。主な理由としては、利用者に顔を覚えてもらうことで、入居当初の不安を少しでも和らげるためです。また、初回訪問では聞けなかったことを聞けるかもしれません。入居前の準備期間に多くの情報を集めておくことで、利用者は入居スタート時点での「生

活の継続性」を図りやすくなり、また、見慣れた顔（の職員）が1人でもいることによって初めての環境での生活でも少しはプラスに働く要素になるのではないでしょうか。

アセスメントは馴染みの職員に限る？

アセスメントは、計画作成担当者が行うのが一般的（役割）です。ただし、グループホームの職員は複数おり、利用者自身の"合う""合わない"という相性もあるでしょうから、「馴染みの関係」にある職員や、利用者から信用されている職員が行う場合もあります（これは、計画作成担当者1人ですべて抱え込まなくてもよいという話に通じます）。

大切なのは、アセスメントは、利用者のニーズを知り、利用者の主体的な生活や意欲を引き出し、さらには利用者の"心"の中にある思いを出してもらうなどによって、今後の生活への大きな方向性を示す場であるということです。もう1つ大事なことは、計画作成担当者が「部屋にこもって計画だけを作っているのではいけない」ということです。これは、「介護職員と同じ動きをしなさい」という話ではなく、「利用者の代弁者になるかもしれない存在として、利用者に近い存在でいましょう」ということです。

時間の経過と共に出てくる利用者の本音

入居前や入居当初のアセスメントで利用者に対して「何か希望はありませんか？」「食べたい物はありますか？」などと聞いても、「なし」「お任せします」……といった返答しかないことが往々にしてあります。このときの利用者は、「職員」「他の利用者」「事業所（グループホーム）」に遠慮している、あるいは気を遣っている、素直に話してもいいものか迷っていると思って間違いありません。過ごしてきた時代や社会背景を考えれば、「世話になる」ことへの遠慮・気遣いが先行する利用者が多いのが普通かもしれません。

とはいえ、時間の経過と共に、職員、他の利用者との人間関係が好転することも多々あります。そうすれば、利用者から発せられる「話」「言いたいこと」は変化し、「本音」に近くなってくるのではないでしょうか。ただし、「時間の経過」の感覚は人それぞれであり、また、生活環境に慣れたからといって、すべての利用者が本音を言えるとは限りません。反対に、職員や他の利用者がどうであれ、自分自身で生活を構築できる利用者もいます。

つまり、利用者が話しかけやすい距離に職員が常に存在していれば、自然と利用者から話しかけられるようになり、それによって人間関係も構築されるということです。また、頼まれたことを確実に実行することで利用者からの信頼感を得、言いたいことを言ってもらえるようになるかもしれません。

ニーズのつかみ方

利用者のニーズ（意向）がわからないままでは、本人に合ったサービス提供を行うことは困難です。本当はニーズ（意向・希望・思い）があるのに、職員がつかめなくては利用者の生活は窮屈になってしまいます。その逆で、ニーズをつかむことができれば、利用者の望むサービスが行える上に、利用者にとっては「好きなことを思うようにできる住み家」となるのです。ここでは、ニーズのつかみ方を解説します。

《利用者から直接、生活の一部についてのニーズを聞ける場合》

- アセスメントの機会でつかむ
  アセスメントはニーズを聞くには一番よい機会（ただし、利用者によってはかしこまって本音が出ないこともある）
- 利用者のとの日常会話の中からつかむ
  気軽な雰囲気の中であれば、本音が出るかもしれない
- 利用者同士の会話から聞こえてくる内容からつかむ
  職員に対しては言いにくいことでも、利用者同士の会話の中では自然に出てくるかもしれない
- 家族との会話からつかむ
  「お母さんが○○したいと言っているので、お願いできますか？」など、家族を通じて利用者の本音（ニーズ）が聞こえてくることもある

　こうした機会や場面から、「朝ごはんは○○が食べたい」「夕食には○○を必ず出して欲しい」「毎月10日にお墓参りに行きたい」といった生活の一部についての具体的なニーズをつかむことができます。

　明確になった生活の一部のニーズに対して職員は、利用者の言葉（ニーズ）に対してそのまま実行すればよいのです。また、生活の一部のニーズが明確になったことで、"他の生活場面でのニーズはどうなのか"と聞きやすくなる効果も期待できます。

《利用者から直接、生活全体のニーズを聞ける場合》

- アセスメントの機会でつかむ
- 利用者と馴染みの職員が落ち着いて話をできる場面でつかむ

　例えば「病気を悪化させず、元気で暮らしたい」という生活全体のニーズが明確になっている場合。生活全体のニーズを前提に、「その実現のためには、健康状態・食事や生活の質等、それぞれの生活の場面でどのように過ごすか？　気をつけて毎日を過ごせばよいか？」といった視点で生活の一場面にあたる項目（生活の質や入浴等）ごとに１つずつニーズ（「病気を悪化させず元気に暮らす」ためには、「健康状態等の面で希望や悩みはありますか？」など）を聞いていけばよいのです。

《利用者から直接、生活全体および生活の一部についても聞けない場合》

- 代弁者を立てる
- 過去の生活や記録からつかむ

　生活全体および生活の一部（各項目）について、いずれも聞き取れない、あるいは不明（言葉

によって意思・ニーズを表明できない）な場合があります。この状態にある利用者像としては、認知症状の重度化・寝たきり状態や病状の悪化等などが考えられます。また、職員への遠慮・気遣いが強いあまりに、何を聞いても「ありません」と答えてしまう利用者もいます。

病気の重度化等が理由であれば、代弁者を立てて生活状況やこれまでの生活の様子を踏まえてニーズを表現するしかないでしょう（ただし、ここでつかんだものが真のニーズなのかは微妙なところではあります）。

介護計画・アセスメントの作成にあたって

アセスメントは、様式に書かれた項目１つひとつを利用者に聞いていけばよいのではありません。ただ聞き取ればよいのではなく、聞いた利用者のニーズを具現化するために、具体的にどのような方法や課題が出てくるのかを考え・提案・相談し決めていく必要があります。

例えば、利用者のＢさんの場合……

＜現状＞

骨折により入院していたが、退院した後、骨折した左足は手術もリハビリも上手く行き順調に回復。そんな中、馴染みの職員である職員Ｃは話があると呼ばれました。入院して思ったそうです。「生きている元気なうちに○○温泉や××へ旅行に行きたい」と……

利用者Ｂ：「温泉に行きたい！　○○温泉の△△旅館に泊まりたいわ！」

職　　員Ｃ：「ぜひ、○○温泉に行きましょう！　足の具合はどうですか？　この前行った時は、歩いて坂道登ったりしましたね」

利用者Ｂ：「足の具合はよくなってきているわ！　でも、あの温泉は山間にあるから歩くのは無理かしら？」

職　　員Ｃ：「車いすでよければ押しますよ！　足の具合や退院して間もないので、歩いて登るのは厳しいかもしれないですね」

利用者Ｂ：「確かに足の具合も体力も心配だわ！　でも、行きたいのよ」

職　　員Ｃ：「Ｂさんは自分の足で歩いて入るのと、車いすで行くのはどちらでもよいですか？」

利用者Ｂ：「歩いて行って温泉にも入りたいわ」

職　　員Ｃ：「それなら、主治医の先生の意見を聞いてから判断する方法もありますよ。まだ退院して数日ですから、まずは室内で歩くことに慣れて、それから買い物等を通じて外で歩く機会を増やしたりして体力が戻ってからでも間に合いますよ」

利用者Ｂ：「そうね。歩く練習をして体力を戻してから行くほうが安心だわ」

職　　員Ｃ：「そうしましょう。では、歩く練習は時間などを決めて行いますか？」

以下……会話は続く。

基本的には、利用者から発せられたニーズに対しては、実行することを明言しましょう！　この例でいえば「温泉に行く」ことをやめてはいけません。また、「退院したばかりだから」と、遮るような返答もよくありません。会話が終わってしまいます。

ニーズを実行することを前提にして、職員が自身の都合やグループホームの事情に関係なく、利用者の現状を専門家として捉え、心配なことやニーズを具現化する際の問題となる点があれば、利用者に相談しましょう。この場合、①退院後間もないので体力面が心配、②○○温泉や△△旅館は山間にあり、浴室には手すり等もない、といったことについて気になったわけです。ただ、

心配な点を伝えただけでも会話が終わってしまいます。その心配を解決する方法を具体的に提案することが大切です。この例では、「体力回復や歩く練習をしてから、温泉に出かけるのはどうですか」と提案しています。ここで注意したいのは、次の日にでもあらためて「何日ほどの期間の旅行」「リハビリ等の内容」など具体的に提示することです。そうでないと、利用者は「いつになったら行けるのだろう？」と疑問を抱いてしまうからです。

これはあくまで参考事例でしかありません（職員から見て心配な点がなく、すぐに行けるのであれば、行ってもよいでしょう）。

アセスメント（聞き方）の注意点

アセスメントは利用者がグループホームに入居している間、繰り返し行うものです。ということは、アセスメントを行う時点は、すでにグループホームで生活している状態（現状）にあるわけです。つまり、「今のままでよいですか？」といった聞き方をしてしまうと、利用者は「違う」「変えて欲しい」「○○したい」と言いづらくなってしまうのです。

食事時間について聞く――悪い例

《場面①》入居にあたっての初アセスメント（入居直前のアセスメント）にて。
職　員：「他の皆さんは朝食が8時なのですが、○○さんは何時がよいですか？」
利用者：「皆さんと同じ時間で結構です」
《解説》「他の利用者は8時」と、利用者から聞かれてもいないのに、いきなり他の利用者の習慣を伝えています。これでは「私は○○がよい」とは答えにくいものです。
《場面②》入居中の利用者への再アセスメントにて。
職　員：「現在は、朝は○時・昼は○時・夕食は○時に食べていますが、これからも同じ時間でよいですか？」
利用者：「はい、同じでよいです」
《解説》現在食べている時間帯を伝えるのは問題ありませんが、その後に「これからも同じ時間で良いですか？」という点が問題です。答えを限定してまっています。利用者に少しでも遠慮等があれば、「同じでよい」と言ってしまいます。

食事時間について聞く――よい例

家での食事に関する話題から始めましょう。「1日の食数」「好き嫌い」「誰と食べることが多いか」「独りで食べたい？　あるいは大勢で食べたい？」「食事の出し方は、大皿？　1人前盛り？」など、話題は豊富にあります。その中の1つが「時間帯」です。

例えば、朝昼兼用で1日2食の利用者もいるでしょう。その理由を尋ねてみましょう。もともとの習慣なのか、あるいは作る（介助する）人がいないせいなのか、など利用者が話してくれる内容から、本音（ニーズ）が明確になることがあります。最終的には「何時がよいのか？」という利用者のニーズを確認しましょう。

> **ミニコラム⑦～頭に入れておくべき利用者の気持ち～**
>
> 場面①においては、入居前であっても、利用者と職員がすでに何度か会っているなら、話しやすい関係になっているかもしれません。食事に関するニーズがわかったことで、入居当初から利用者に合った食事サービスが行えます。

ここで頭に入れておくことがあります。入居した際、この利用者は、先に入居している利用者の言動に対して敏感になっています。自身が希望する時間帯に誰も食べていない、あるいはすでに食べ終わっているといった光景を目の当たりにして、肩身の狭い思いに駆られるかもしれません。「人は人」と思える方なら何の問題もありませんが、「皆に合わせないと」と翌日から行動パターンを改める方もいるでしょう。利用者が決めることですが……迷う利用者に対しては、職員が一緒に食卓について食べることで、気持ちが楽になるかもしれません。それも利用者のニーズがわかっているからこそできるサービスの1つなのです。

ミニコラム⑧～利用者にアセスメント中、メモを取ってもいいの？～

　利用者の自宅や入院先の施設・病院等を訪問して話を聞く場合、その時間は1時間以内を限度にしましょう。特に初回訪問のような場合であれば、利用者や家族は緊張等で疲れてしまうので、必ず時間を気にかけましょう。

　訪問で、利用者と話すとき、その最中にメモを取りながらでもよいのでしょうか？

　職員によっては、その場でアセスメント書式に直接記入する、メモ程度に留め訪問終了後にアセスメント書式に記載する、あるいは、一切（電話番号等は別にして）メモも取らない"記憶派"と、それぞれでしょう。

　ある新人介護支援専門員が訪問した後、利用者から「尋問を受けているようだった……」と言われたことがあるそうです。緊張の余りに、その介護支援専門員は項目を上から順に質問攻めにしてしまったのです。

　話をしながら書く場合、書くことばかりに集中していると利用者の顔も見ず下ばかり向いてしまうおそれがあります。これでは、利用者には"事務的な対応"という印象が残るかもしれませんね。

　（緊張して余裕がなければ、メモを取る・取らない以前の話ですが）いずれにせよ、話す前に、利用者や家族にメモを取ることを伝えましょう！

まとめ

　これまで話してきたように、ニーズをつかむのは簡単ではありません。グループホームで暮らしていこうとする前向きな気持ちの中で、さらには職員と話しやすい雰囲気や人間関係が築かれていて、何時でも何度でも言える環境がなくては、他人にニーズ（本音）を話すことは難しいということです。

　ですから、グループホームや職員は、ニーズをつかむ手段をもち、明確になったニーズに対して俊敏に対応できる体制でなくてはいけません。せっかく利用者ニーズがわかっても、職員が「それはできません」「無理です」を繰り返すようでは、利用者は「期待を裏切られた」と落胆してしまいます。それでは、再びニーズなど聴けない状況になってしまいます。多角的、総合的な視点でニーズに取り組みましょう。

③介護計画書と介護予防介護計画書の違い

要介護状態等に関係なく、意欲をもって生活できる環境づくりが大切

　書式上は、「介護計画書」と「介護予防介護計画書」に特別な違いはありません。同一書式において、各項目の最初に「介護予防」に関する記述欄を設けることで、「認知症対応型共同生活介護計画」（要介護状態）と「介護予防認知症対応型共同生活介護計画」（要支援2）に分けています。

　ただし、考え方において両者は異なります。介護予防の場合は「自立した日常生活を営むと同時に、生活機能を維持・向上させること」を目的にしています。

　市区町村によっては介護予防の対象者については「予防に資する活動を盛り込みなさい」と助言・指導するところもあります。

　利用者の意欲は別にして、単に要支援の状態像から考えると、歩行において介助を要する状態にはないでしょうし、あらゆる生活場面において介助を要する状態にはありません。本人の意思を基に、より能動的な生活を送れるよう、"見守る""一緒に行う"といった姿勢で生活支援に務めることが求められます。また必要によっては予防リハビリテーションなどを提案する場合もあるでしょう。

　実際のサービスや計画の中身は、利用者が「受け身」の状態ではいけないのです。

　ただし、要介護状態・要支援2など、介護保険に基づく要介護度に限定した区分はできても、内面や意欲は要介護状態等に関係なく利用者1人ひとり違います。利用者が意欲をもって生活できる環境作りが大切です。

ミニコラム⑨〜グループホーム内の介護支援専門員の役割は？〜

　グループホーム内の介護支援専門員は別名、計画作成担当者といいます。2ユニットであればどちらかのユニットの計画作成担当者は介護支援専門員の資格を有した者でなくてはなりません。介護支援専門員は別のユニットの計画作成担当者の業務を監督する役割もあります。

　また、利用者が通所介護（デイサービス）を利用する際のケアプラン（アセスメント含め）の作成についてもグループホーム内の介護支援専門員が行います（グループホーム入居者が通所介護を利用する場合の利用料はグループホームが負担するため、給付管理を行う必要はありません）。

④家族とのコミュニケーション

利用者の思いと家族の思い

　利用者のニーズや思いとその家族の思いが同じであれば、職員の行うサービスは迷いなく行えるでしょう。しかし、家族の思いと利用者の思いは必ずしも一致しません。

　皆さんも、利用者の思いとは違うことを家族から言われ、間に挟まれて困った経験があるのではないでしょうか。そんな時は、どちらを優先しますか？──利用者を優先しましょう。ただし、家族の思いはどうでもよいという意味ではありません。

　家族の思いも様々ですから、利用者の生活状態等がよくなったとしても、利用者や職員に対して言ってくる話や思いは変わらないというケースもあります。それも愛情なのでしょう。

　そんな中でも、利用者の状態変化（よくなる意味）や職員のサービスや取り組みによって、家族が安心して、利用者の思いを優先することに賛同してくれることがあります。家族の思いがどうであれ、利用者の生活が落ち着かないことには始まりません。大切な親（家族）が元気で自分らしく暮らしている姿に安心するのは、どんな家族にも共通したものではないでしょうか。

職員は家族になることはできない

　職員がどんな素晴らしい人物であったとしても「利用者の家族」になることはできません。なぜなら、利用者の「息子に会いたい」という思いに応えられるのは「息子」しかいないのです。職員は息子の代わりにはなれないのです（利用者がある職員に対して息子のように思って接していることはあるかもしれませんが）。

　家族の存在はとても大きなものです。何ものにも代えられない存在なのです。ということは、利用者の暮らしの中においても、職員のサービスを行う上でも家族の存在は重要です。できるだけ、家族に私たち職員のよき理解者であり協力者になっていただけるような関係作りを行う必要が出てくるでしょう。家族のケアサービスの一員を担ってくれることは十分考えられるのですから。

　現実問題、「親の顔など、二度と見たくない」といった修復不可能な親子関係にある家族もいますし、会いたくても他界されている場合もあります。家族の力を当てにばかりはしていられません。

⑤モニタリングと再アセスメント

モニタリングを忘れずに

　モニタリングを必ず行いましょう。

　介護計画書の「（短期）目標」に示された「サービス実施期間」が終了（満了）時期が近づいてきた時点で行います。

　作成した介護計画書は、言うまでもなく利用者の思いの表れであります。その思いに職員がしっかりと応えられていたのかを利用者に聞く場です。また、利用者によっては計画作成担当者等が代弁者として目標やサービスの内容を代弁しているケースもあるので、利用者の思いに忠実であったかを確かめる場でもあります。代弁しているケースであれば家族が同席のもとすすめるなどすべきでしょう。

　モニタリングでは、介護計画書に明示した目標の達成度やサービス内容の状況を利用者から評価してもらい、同時に職員自身も自分たちの利用者への関わり方（サービス状況）について評価します。職員のサービス状況を評価するわけですから、事前に対象となる利用者のへのサービス状況等がどうであったかをまとめておく必要があります。ケース記録から情報を収集してまとめる方法もありますが、計画作成担当者やその利用者の担当職員が中心となり、他の職員へ聞き取ることが必要でしょう（会議を開催してもよいでしょう）。

再アセスメントを必ず行う

　モニタリングを行うことで、作成した計画書の目標の変更やサービス内容の変更・継続などがはっきりします。

　この段階で、新たなニーズや継続するサービス内容が明確になっている場合が多いでしょうが、あくまで、すでに作成した介護計画の内容についての評価です。ですから、この数週間・数カ月の出来事（変化等）やニーズの中身について再度アセスメントして確実な情報にする必要があります。

　本書では、「入居後情報（入居後アセスメント）」を再び使用して行います。

第4章
各書式の解説と記入方法

　本書で紹介する介護計画の書式は、【基本情報】【入居前情報】【入居後情報】【介護計画書（1）と（2）】の4部構成を基本とし、【当面の介護計画書】【介護計画モニタリング表】も使用することでサービス提供の精度を高めます。

① 基本情報
② 入居前情報
③ 当面の介護計画書
④ 入居後情報
⑤ 介護計画書（1）／介護計画書（2）
⑥ 介護計画モニタリング表

　本章ではCさん（女性・○○歳・要介護1）の事例を用いながら、各書式の記入方法について解説します。

① 基本情報

入居が決定した時点で作成します（入居相談時の訪問等による聞き取りがベース）。「本人氏名等」「緊急連絡先」「家族等の情報」「入居希望時の認知症状の確認」「公的な支援制度利用状況」「入居に至った経緯」について記載します。原則として、キーパーソンや公的支援制度の利用状況に変更がなければ、介護計画を変更・更新してもそのつど書き換える必要はありません。

《本人氏名等》

住民票上の住所地を記載します（入居にあたってグループホーム所在地に住民票を移す必要はありません）。ただし生活保護受給者においては、グループホームのある市区町村に住民票を移す必要がある場合もあります。

《緊急連絡先》

緊急時に連絡すべき人物だけではなく、日常の様子を報告する相手（家族等）の連絡先についても記入します。「第1連絡先」にはキーパーソン*を記入します。緊急連絡に限って言えば、1つでも多く連絡先を確保しておくことが有効です（ただし、事業所や職員の都合を優先し、家族の事情を考えずに対象を広げすぎてはいけません）。

＊キーパーソン：主となる家族等で、緊急時に最初に連絡すべき対象です。「誰にするか」については、家族への聞き取りを前提とします。入居に関する問い合わせの時点で決めておくのがベストですが、（遅くても）入居決定時には申し込み者（家族等）から「入居後のキーパーソン」を確認しておきます。

入居申し込みをする人、契約書を交わす際の代理人がキーパーソンになるケースが多いです（余談……こんな家族もいます。"キーパーソンは長男であるが、日常の報告連絡等は長女に！"というケース）。

《家族等（緊急連絡先以外）》

緊急連絡先以外で記載が可能な家族等の氏名や連絡先を記入します。

【家族構成】

男性□・女性○、本人回・◎、死別■・●

同居家族は点線または線で囲む

【入居前の介護状況】

入居前の介護状況や、利用者本人と同居家族等の関係について記入します。

《入居希望時の認知症状の確認》

認知症状を確認した書類から書き写します（グループホームへの入居要件は、「利用の相談時点で認知症状を有していること*」です）。現物を添付する必要はありませんが、入居時には必要ですので保管しておきます。

＊入居後、認知症状が軽減や消滅しても入居を継続することは問題ありません。

《公的な支援制度の利用状況》

公的な支援制度を利用している場合に記入。

(1) 成年後見制度

利用者の認知症状の程度等によって制度上の取り扱いが「補助」から「保佐」に変更になる場合があり、書き換えが必要になることもあります（「任意」「補助」「保佐」「後見」によって支援内容が違うので、後見人等と確認して記入します。後見人については、個人である場合、諸団体〈の担当者〉が請け負っている場合などがあります）。

(2) 地域福祉権利擁護事業（日常生活自立支援事業）

利用者が単身である、あるいは、家族がいても疎遠などの理由により、日常の金銭の出し入れや確認作業については利用者が行うしかない場合、地域福祉権利擁護事業（日常生活自立支援事業）の金銭管理のサービスを利用します。このような状況にある利用者に対して、事業者や職員が責任をもって金銭の出し入れの援助を行うのは当然です。ただしこの場合、内部確認だけでなく、客観性を保つ義務が生じます。預かっているお金が1円多くても、1円足りなくてもトラブルの元になるからです。内部での管理徹底と共に、外部の目や力を有効に利用することでより万全な運営やサービスとなります（リスクマネジメント）。

(3) 生活保護制度

利用は、単身者に限りません（「世帯の総収入」が利用要件であり、同居している家族でも世帯分離をしている場合もあります）。生活保護を利用するにおいては、必ず市区町村の地区担当者が専任します（グループホーム内に生活保護受給者が複数いれば、担当者は同一です）。上記の2つの制度とは異なり、利用者の「生活の相談者」として、契約等の際にも最善の方法を一緒に考えてくれる存在です。ただし、地域福祉権利擁護事業（日常生活自立支援事業）と同様、契約の際の代行者にはなりません。

《入居に至った経緯》

利用者の入居に至った経緯や相談内容の要約を記載します。

② 入居前情報（入居前アセスメント）

　入居前のアセスメントです。利用者の入居前の生活の様子に関する情報を記載します。原則として、一度作成した「入居前情報」は継続的に使用します。ただし、入居後に新たに得られた「入居前」の情報があれば書き足します。

《介護支援専門員》

　入居時（入居前）の担当の介護支援専門員の名前等を記載します。入居前に、すでに要介護（要支援）認定を受けて、介護保険サービスを利用している場合には、通常、担当の介護支援専門員がいます（ただし、認定を受けていても、サービスを利用していない場合もあります）。

《その他の相談者》

　入居前に介護支援専門員以外で、利用者や家族の相談役になっていた人がいる場合は記載します。居宅サービスを利用していたのであれば、訪問介護事業所のホームヘルパー等が身近な相談者になっていたかもしれません。病院や介護老人保健施設等に入院（入所）していた利用者であれば、生活支援員やMSW（医療相談員）に退院（退所）後の相談をしていることが考えられます。

《入居受付時の要介護認定》

　介護保険被保険者証の記載内容を確認して記入します。

《入居受付時の日常生活自立度判定基準》

　「主治医の意見書」を書き写す、または職員の判断を記入します。「日常生活自立度判定基準」とは、地域や施設等において障害者（高齢者）や認知症状を有する人に対して、「日常生活動作（ADL）と認知症状において、どの程度の状態にあるか」を短期間で客観的に判定する指針として厚労省が定めたものです。

ミニコラム⑩～入居したらケアプランはいらない？～

　グループホームに入居した時点で、原則、グループホーム内での生活ではケアプラン（在宅サービス）が不要となります（事業所内の同じ職員が継続して介護サービスに当たるため）。

　ただし、事業所内での利用者サービスの内容を示した介護計画は必要（義務）です。

認知症高齢者の日常生活自立度判定基準

ランクⅠ	何らかの認知症を有するが、日常生活は家庭内及び社会的にもほぼ自立している。	
ランクⅡ	日常生活に支障をきたすような症状・行動や意思疎通の困難さが多少見られても、誰かが注意していれば自立できる。	
	Ⅱa	家庭外で上記Ⅱの状態が見られる。
	Ⅱb	家庭内でも上記Ⅱの状態が見られる。
ランクⅢ	日常生活に支障をきたすような症状・行動や意思疎通の困難さが見られ、介護を必要とする。	
	Ⅲa	日中を中心として上記Ⅲの状態が見られる。
	Ⅲb	夜間を中心として上記の状態が見られる。
ランクⅣ	日常生活に支障をきたすような症状・行動や意思疎通の困難さが頻繁に見られ、常に介護を必要とする。	
ランクM	著しい精神症状や周辺症状あるいは重篤な身体疾患が見られ、専門医療を必要とする。	

障害高齢者の日常生活自立度判定基準

ランクJ	何らかの障害等を有するが、日常生活はほぼ自立しており独力で外出する。	
	J1	交通機関等を利用して外出する。
	J2	近隣等へなら外出する。
ランクA	屋内での生活は概ね自立しているが、介助なしには外出しない。	
	A1	介助により外出し、日中はほとんどベッドから離れて生活する。
	A2	外出の頻度が少なく、日中も寝たきりの生活をしている。
ランクB	屋内での生活が何らかの介助を要し、日中もベッド上での生活が主体であるが座位を保つ。	
	B1	車椅子に移乗し、食事、排泄はベッドから離れて行う。
	B2	介助により車椅子に移乗する。
ランクC	1日中ベッドで過ごし、排泄、食事、着替において介助を要する。	
	C1	自力で寝返りをうつ。
	C2	自力で寝返りもうてない。

※ 詳細は、厚生労働省の日常生活自立度判定基準を参照のこと。

《生活の意欲等》

利用者の生活や家族に対する思いを記載します。

《生活歴(出身地・家族のこと・職業等)》

利用者の長い人生の歴史を書き留める欄です。これまでの利用者の生活を記載するスペースとしては小さすぎるので、まとめきれない場合は別紙に記載して添付してください。

《入居前居住地》

自宅からの入居であれば自宅の住所等を記入します。また、病院や介護老人保健施設を退院して(直接)入居する場合はその名称等を記入します。

《生活環境》

　入居前の「自宅での生活」と「施設・病院等での生活」の様子を並列にして記載します。施設や病院等から直接入居した場合であっても、その施設や病院等を利用する以前の自宅での生活の様子も記載します。施設や病院等を利用していない場合は空欄にしておきます。

　並列にする理由は、「施設・病院等の利用前は自宅で何らかの家事をしていたが、この半年は施設・病院等生活だったので何もしていない……」というケースがあるからです。その場合、入院によって受け身の生活を送っていることが考えられ、偏ったアセスメント内容になるおそれがあります。例えば、買い物に行けるのにもかかわらず、施設・病院等ではその機会さえないために、買い物や外出の自立度や頻度は「なし」か「低い」になってしまう、など。誤った情報ではないにせよ、こうした情報のみに頼ったサービス計画では利用者の思いからかけ離れたものになる危険があります。

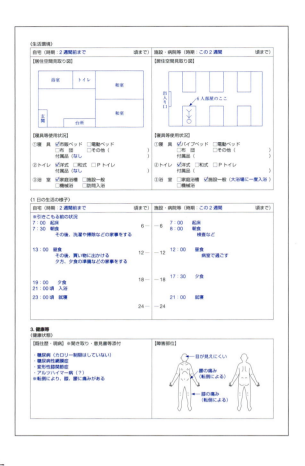

　【居住空間見取り図】には、自室や病室のベッド等の配置を図で示します。

《1日の生活の様子》

　ここでも「自宅」と「施設・病院等」を並列に記入します。

　半年前まで自宅で暮らしていた人が、事情により施設・病院等を利用したために生活が一変してしまったということがあります。自宅であれば生活習慣等を自らの意思で行えるでしょうが、施設・病院等では他の利用者や職員に気を遣うあまりに、行動できない人が多いでしょう。特に、家事や趣味の面においては行動に起こす機会さえないかもしれません。そこで、比較表にすることで本来の利用者の生活像が見えてくるのです。

　例えば食事、食事にまつわる行為や動作。食べるためには、献立を考える、買い物に出かける、荷物を持って歩く、台所に立つ、調理する、盛り付ける、食べる、後片付けする……など動作は多岐にわたります。もちろんその一部（惣菜を買う、出前をとるなど）を省略することも可能です。病院等ではこうした動作を職員が行っていますので、利用者は「やること」がありません。ちなみに自宅でも同じことは言え、本人は家事等を「やろう」としても嫁や家族が「危ないから」と機会を奪っていることがあるのです。

　身体的な状況など何らかの理由で施設・病院等を利用したのですから、以前とまったく同じニーズがあるとは限りません。しかし、精神的な落ち込みについては環境を整備することで改善し、生活意欲がよみがえる可能性は大です。自宅と施設・病院等の生活の様子が違っていた場合は、利用者に聞きましょう！

《健康状態》

既往歴・現病について記入します。【障害部位】には図に印を入れるなどして状態を記入します。

《服薬状況》

薬名や飲み方についての注意を記入する、または薬の説明書（処方箋）をそのまま添付しておくのでもかまいません。

《主治医・通院先》

主治医および通院先の情報を記載します。事業所によっては、入居後は、事業所の指定病院に限定しているところもあるようですが、生活の継続性の維持や安心への配慮といった視点では入居前の主治医等を利用するほうがよいでしょう。

4．家事等

「家事動作の範囲等（代行者）」の欄には、掃除等それぞれの家事項目について自立の程度（行っていた動作、頻度等）を記載します。その内容を、カッコ内や「家事の意向・いつまで自立？」欄に記載します。また、「自立」「家族」「施設等」を複数チェックしてもかまいません。この「施設等」とは、訪問介護のホームヘルパー（介護職員初任者課程研修修了者）や施設利用時の職員を総称したものです。ヘルパーが行っていた場合は、ここにチェックを入れます。

「家事の意向・いつまで自立？」の欄には、利用者の意向やいつ頃まで自分でやっていたかを記載します。

前述したように、利用者は「やろう」としても、施設・病院等の職員や家族が代行していたケースがあるので、利用者の意向は入居後のサービスにおいても重要な情報です。

> ### ミニコラム⑪〜家庭訪問の原則〜
>
> 利用者宅に訪問する際は、約束した時間"ジャスト"が原則です！　早い訪問は、迷惑な場合があるので注意しましょう！
>
> 利用者やその家族は、グループホームの訪問に合わせて時間を調整してくれている場合があるからです。例えば、別宅に住む長女が同席するために約束の時間通りに利用者宅に来ても、職員の訪問が早ければ、長女がまだ到着していない、といったことがあります。また、訪問時間に合わせ食事を済ませようとしていても、早く行ったせいで、急かしてしまうかもしれません。
>
> 約束時間に遅れてはいけませんが、職員が自身の都合（用事が早く終わったなど）で、訪問時間を早めてはいけません（ちなみに、他の会社を訪問する場合は"5分前"が原則です！）

5. 生活の質

「生活の範囲」については、自宅から入居する利用者の場合であれば、その行動範囲を記載します。施設・病院等からの場合は、「その他」の欄に「自宅周辺に出かけていたが、この3カ月は入院していたため外出の機会なし」などと、施設・病院等での様子を記載します。

「外出・買い物等」「趣味等」「日課等」については、詳細に記載します。利用者の「生活の継続」の視点でとらえ、入居後のサービスに活用します。

6.ADL等

「日常生活動作」に関する「起き上がり」「立ち上がり」「歩行（移動）」「食事の摂取」「排泄」「入浴」「歯磨き・洗面」「視力」「聴力」について該当する動作にチェックし必要な情報を記載します。

7. 入居前情報のまとめ（その他）

入居前情報に記載しきれなかったものや該当する項目（箇所）がなかった情報を記入します。

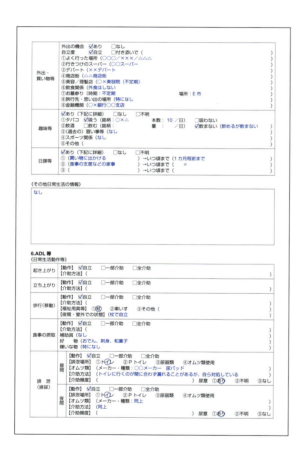

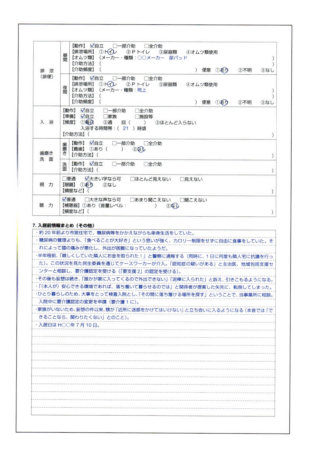

第4章　各書式の解説と記入方法

③ 当面の介護計画書

　介護計画は、「利用者が入居したその日」から作成する必要があります。とはいえ、入居時点では、利用者はまだ新しい環境や他の利用者等との生活に慣れていない状況にあり、また職員がもっている利用者情報も少ないことがほとんどです。そこで、「基本情報」および「入居前情報」を基に、「当面の介護計画書」を作成してサービスにあたります（初期加算の考えに基づき、約1カ月をめど）。入居前のアセスメント等が十分であれば、「当面の介護計画書」は飛ばして、通常の「介護計画書（1）と（2）」を使用し入居日に合わせてもかまいません。

　また、入居後1カ月を待たずして利用者が生活環境等が落ち着いてきた場合などは、「入居後情報」を作成し「介護計画書（1）と（2）」の作成に入ります（Cさんにおいては、すでに入居しているので、ここでは使用しません）。

□認知症対応型共同生活介護計画　　□介護予防認知症対応型共同生活介護計画
〜当面の介護計画書〜

作成日　平成　年　月　日

入居者名　：　　　　　　　様　　　生年月日　：　M・T・S　年　月　日　歳
入居者／家族説明相手　：　　　　　印　　　説明日　：　平成　年　月　日
計画作成担当者　：　　　　　　　　印　　　担当介護職員　：　　　　　　印
要介護度区分　：　要支援2・要介護1・2・3・4・5　　認定期間　：　平成　年　月　日〜平成　年　月　日

〈本人の生活の全体意向やサービスに対する意向〉

〈事業所の総合的介護サービスの方針〉

〈本人の生活の意向およびサービス内容〉

生活の場面	ニーズや現状	目標	具体的なサービス内容
健康状態等			
視覚・聴覚およびコミュニケーション			
理解・行動			
ベッド上・立ち上がり・移乗動作等			
移動			
食事・調理			
排泄			
入浴			
着替え・洗面			
家事・IADL			
生活の質			
その他生活の様子等			

事業所名：
介護計画書の交付を受けました。平成　年　月　日　氏名：　　　　　印

④ 入居後情報（入居後アセスメント）

　入居後のアセスメントです。利用者のニーズや入居後の生活様子に関する情報を記載します。「入居前」と「入居後」において、利用者の生活状況、あるいは精神的な状況が同じとは限らないからです。入居時の緊張がほぐれてきている時期や、利用者が話しやすい職員が行うことによって、より正確な情報が得られるでしょう。介護計画の更新・変更のたびに作成し直して繰り返し使用します。

　すでに「基本情報」と「入居前情報」については解説をしていますので、ここでは重複については省略します。まずは、「入居後情報」の各項目に共通して記載する事項について解説します。

共通記載事項解説①【希望や悩み】

　各項目（全12）の冒頭で記入します。ここでは、入居後情報の冒頭の「生活全体の意向（どのような人生を送りたいか）」に基づいて聞き取ります。「生活全体の意向」の中身（生活場面）を詳細に聞き取るのです。その際、利用者から希望等がすぐに出てくる場合にはそのまま記載すればよいのですが、出てこない場合は「『生活全体の意向』を実現（具現化）するためには各項目（生活場面）においてどのような関わりが必要なのか」という視点（質問形式にして）で聞きましょう。すべての項目の生活場面に希望等があるという利用者ばかりではないでしょうから、希望（ニーズ）等がない場合は「なし」に、聞き取れなかった場合は「不明」にチェックします。「希望」と「悩み」を分けて記載する必要はありません。聞き方によっては、「希望はないけど悩みはある」と答える利用者もいるでしょう。

共通記載事項解説②【介護予防の取り組みへの意向】

　「要支援2」の利用者で、介護予防に関する意向がある場合のみ記載します。通常、「認知症対応型共同生活介護計画」と「介護予防認知症対応型共同生活介護計画」では同一書式を用いますが、本書では分けて考えます。

共通記載事項解説③【担当者の所見／生活の様子／特記事項】

　各チェック項目で表現できなかった情報やチェック項目を記述式で補足します。記載事項が多くこの欄に書ききれない場合は、「入居後のまとめ」に書きます。

共通記載事項解説④【一部介助】の表示と解釈について

　本書式以外の様々なアセスメント書式にも出てくる言葉です。問題はその中身です。「一部介助」の「一部」って何を指すのでしょうか？　その点を明確にしなければ、サービスの実施において職員間の「ばらつき」の原因となり、入居者を混乱させてしまいます。

共通記載事項解説⑤【アセスメントの複数チェックOK！】

　生活の場面やその日の体調等によって利用者の言動は変わるものです。そうした変化を前提に考えた場合、「自立・一部介助・全介助」のどれにチェックすればよいか迷う時があります。そんな場合は、両方（複数）にチェックします。そしてその理由をカッコ内や所見欄に記載します。

第4章　各書式の解説と記入方法

■生活（人生）全体の意向

　生活全体の意向を"大きな木"にたとえると"幹"や"根っこ"の部分となりましょうか（この後の各項目は木の"枝"です）。大きなサービス目標として、重要なアセスメントです。聞き取れない場合は、空欄にしておきます。

　例えば、生活全体の意向が「元気で穏やかに暮らしたい」だったとします。この欄には聞き取った内容をそのまま記入します。この後、12項目のアセスメントを行うわけですが、この全体の意向を踏まえて聞き取り、そして職員も自身が必要と判断したサービス等を提案し、入居者と共に相談していきます。

　「元気で穏やかに暮らす」ためには、まず【健康状態等】に関して「どのような希望があるのか？」を聞き取ります。「いま、抱えている病気を悪化させたくない」といった希望が出てくるでしょう。また、直接同様な言葉で出てこない場合は、職員が聞いたり、提案する必要があります。もちろん、急性期の疾病や状態が変化しやすいものであれば、事前に主治医等に相談したり検討会を開催したりといったことも必要でしょう。

　※ここで聞き取った内容（言葉）はそのまま介護計画書（1）の「入居者の生活全体の意向」欄に書き写します。

　※各項目で聞き取った「希望等」は、サービス会議等で利用者等と相談して、介護計画書（2）で明示する「目標」の設定を行う必要があります。

《本人の家族等への思い》

　利用者によっては"家族"と"家"の問題を置き去りにしたままサービスを実施しても何の解決にも至らないことがあります。それだけ、利用者にとって重要なことなのです。

　事業所の中には、職員教育の過程で「職員の存在は家族の代わり」と言い含めているところもあるようですが、決して家族にはなれません！——どんな優秀な職員であっても、どんなに素晴らしいグループホームであってもです。「息子に会いたい」……その思いに応えられるのは息子だけなのです。家も同じです。利用者にとってグループホームは"家"です（家賃も払っていただいているのですから、何の問題もありません）。利用者にとっても、アパートで暮らす社会人にとっても、長く同じ場所で暮らせば思い入れや愛着も出てくることでしょうし、馴染みの顔や風景も頭に焼きつくことでしょう。しかし、だからといって実家（田舎）を忘れることとは別なのです。どんなに今が幸せでも捨てられない、忘れられない思い出やモノがあるものです。

《家族の生活全体の意向とかかわり》

　キーパーソンの家族等の情報を記載します。「利用者への生活全体の意向」欄には、利用者の

生活に対する意向や介護サービスに対する意向があれば記載します。

「家族の役割や範囲等」欄には、キーパーソンまたは家族等が利用者の生活に関わっている内容を記載します（例えば、通院の際に付き添っているのであれば、その旨）。

※ここで聞き取った内容（言葉）はそのまま介護計画書（1）の「家族の意向」欄に書き写します。

《事業所側の本人へのかかわり方〜事業所の総合的介護サービスの方針〜》

利用者のニーズ（生活全体の意向や各項目における意向）に対して、どのような基本方針でサービスにあたるのかを明示するために記載します。

※ここで記載した職員のサービスの基本方針や姿勢は介護計画書（1）の「事業所の総合的介護サービスの方針」欄に書き写します。

1. 健康状態等（歯科含む）【項目1】
《主治医》《その他の通院医療機関》

主治医および受診先の情報や受診日を記載します。

《医療連携体制》

"連携なし"、"看護職員の配置"、"外部連携"のいずれかにチェックし、該当する利用者への支援内容を「主な関わりの内容」に記載します。

2. 視覚・聴覚およびコミュニケーション【項目2】
《視力》《聴力》《意思の伝達等》

それぞれ該当する状態にチェックをし、必要な情報を記載します。

3. 理解・行動【項目3】

認知症状を有する利用者の「理解（力）」や「行動」等について記載します。これは、「利用者の意向・意思」や「現状」を表すためのもので、本書の最大の特長です（利用者目線でチェックし、職員間で共通理解を深めてください）。

例えば、「ひとりで外に行く」「排泄介助を嫌がる」などの状態＝「認知症状による問題行動」ではありません。専門家としては、「嫌がる」背景や理由を知る必要があります。①異性に対する恥じらい、②異性だからというよりも職員の介助方法に問題がある、③認知症だから、ととらえ方は様々あるでしょう。ここで言いたいのは、すべての理由を「③」で片付けないで欲しいということです。

《理解》

認知症状のスケール（診断）に該当する質問項目です。「エ　自分の住んでいる場所」につい

第4章　各書式の解説と記入方法

ては、グループホーム名を答えられればその理解の度合いを測りやすいですが、「施設」の認識があれば（認知症状が）生活に支障をきたすほどではないととらえても問題ないでしょう。

《行動力・行動意欲》

"行動障害"ではなく"行動意欲"としている点に注目してください。グループホームに入居すると、単独での外出を禁止される等、日常生活上の行動を制限してしまう場合があります。これはよいことではありません。グループホーム本来の理念は、「利用者が地域において可能な限りの自立した生活を送る」ことへの支援です。「認知症だから道に迷うに違いない！」という先入観は捨てましょう。ひとりで外出できる環境整備や職員の理解が大切です。

《生活の様子や習慣》

介護業界では「昼夜逆転」という表現をよく用います。そして、そのような利用者に対して、「夜眠れるように」と睡眠導入剤を処方することがあります。しかし、人の生活はみな違うのです！——何時に寝ようが自由です。例えば、深夜労働に就いていた人であれば夜間起きている習慣があっても自然でしょう。また、昼間のリビングには他の利用者がいて、その人間関係がわずらわしいから、日中は自室で寝ていようなどの理由があるかもしれません。利用者の行動を表面だけで判断するのではなく、これまでの生活習慣等からも考えましょう！

《生活上の羞恥心》

ここでは"拒否"ではなく"羞恥心"ととらえています。何歳になっても「人の目を気にする」という感性があるのはよいことですよね。「人前で裸になるのを拒む」のは、人として生きている証拠。また、オムツを濡らしてしまえば「誰にも知られたくない！」と拒絶するのも自然です。職員はこのような感情の動きに配慮し、「なぜ、拒否するのか」について考えなくてはなりません。ゆとりをもって、時間をかけて対応しましょう！

49

《記憶等》

　認知症状に限らず、精神的な疾患、強いショックを受けるような出来事の後、あるいは骨折によってベッドで横になる時間が長い場合等においては、記憶に関する様々な症状が現れます。専門家であっても、利用者の現状を踏まえなければ原因もわかりませんし、対応方法も出てこないでしょう。職員自身の判断だけで、すべてを認知症状としてくくらないほうが賢明でしょう。

《職員が感じたこと》

　認知症状等で起こる作話等について記載します。作話等があれば、「なぜ、そうした言動をするのか」を考えて対応する必要があります。"いつものこと"と受け流さないように！

4. ベッド上・立ち上がり・移乗動作等【項目4】

《ベッドでの動作》

　サイドレール、移動バー、立位保持バーのいずれかを使用している場合は、バーを設置している「位置」を動かさないように務めます。利用者の使い勝手の良い位置を写真に撮って、介護計画書等に添付しておきましょう。もちろん、ADL等の変化の際には、使用する福祉用具と取り付け位置の見直しが必要です。

《その他立ち上がり・立位保持・移乗動作》

　それぞれ該当する状態にチェックをし、必要な情報を記載します。

5. 移動【項目5】

《移動動作》

　移動動作を室内（グループホーム内）と室外（外出時）に分けて記載します。実際のところ、室内では自力歩行が可能でも、室外で足が上手く出せず歩行が困難……というケースが多くあります。

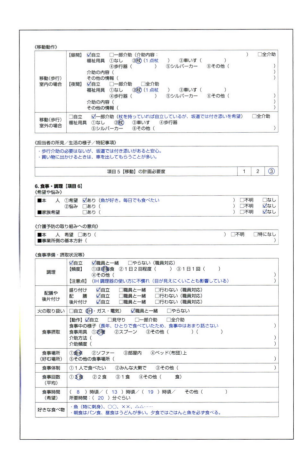

第4章 各書式の解説と記入方法

6. 調理・食事【項目6】
《食事準備・摂取状況等》

「食」に関する動作や意向を記載します。調理・配膳や片付け・火の取り扱い・食事摂取・食事場所・食事体制・食事回数・所要時間・好き嫌い等、それぞれ該当する状態にチェックし、詳細を書き入れます。

7. 排泄【項目7】

「排泄」に関する動作や意向を記載します。

《失禁の状態》

腹圧性尿失禁・切迫性尿失禁・溢流性尿失禁・機能性尿失禁など、失禁の原因がわかれば記載します。失禁の原因により介助（サービス）内容を変更します。

8. 入浴【項目8】
《入浴》

「入浴」に関する動作や意向を記載します。「入浴頻度」「嫌いな理由」「入浴場所」「準備」「浴槽への出入り」「入浴の形態」「補助具の使用」「洗身」「洗髪」……それぞれ該当する状態にチェックし、詳細を書き込みます。入浴にまつわる嫌な記憶（トラウマ）をもつ利用者はいます。嫌いな理由がわかるのであれば記載します。無理にすすめても、余計に「入浴が嫌い」になるだけではなく、すすめた職員に不信感を抱く場合もあります。「入浴特記・嫌いな理由」については、入浴が好きであれば空白でかまいません。

9. 着替え・洗面【項目9】
《衣類の着脱》《歯磨き等》

それぞれ該当する状態にチェックし、必要な情報を記入します。

10. 家事・IADL【項目10】

《部屋の環境等》

見取り図を描き、居室内の生活環境を記入します。【居室内の注意点等】については、職員が居室内の掃除を手伝う際に、定位置に設置しておかなければならない備品や身のまわり品等の状況があれば記載します。

《家事動作等》

「家事動作等」に関する動作や意向を記載します。「掃除」「洗濯」「火の取り扱い」「部屋の戸締まり」「電話応対」「冷暖房管理」「来客の対応」……それぞれ該当する状態にチェックをし、必要な情報を記載します。

家事動作に含まれるであろう、一部の家事動作（調理・入浴の準備等）については該当するそれぞれの項目に組み込んでいます（日常生活動作との関連性が高いため）。グループホームでは家事動作については、ユニットの構造上、一緒に行うことや利用者がひとりでも行える環境にあるので、サービスの上でも見守りや一緒に行える状況を作り出していくことが必要です。

11. 生活の質【項目11】

「生活の質」についての現状や意向について記載します。

《生活の行動範囲やこだわり》

「買い物先」「飲食・外食」「ドライブ・散歩」「美容・理容」「信仰（宗教）」「お墓参り」「今後行きたい場所」について詳細を記載します。

《趣味・日課》

タバコ、お酒、テレビ・ラジオなど日課、あるいは趣味活動……利用者の「生活の質」を確保することによって、それが"生きる意欲"の源となって精神的な安定をもたらしている場合も多いのです。グループホームに入居したからこそ安心してできること、職員が一緒だからこそできることもあるでしょう。そうした現状やニーズを詳細に記載します。

12. その他生活の様子等【項目12】

　項目1〜11に該当せず、どこに記入すべきか迷う場合は、ここに自由記載します。想定できる内容は、横出しサービス（市区町村独自の福祉サービス）利用している場合など。通所介護事業をグループホーム負担で利用している場合（項目11の「週間予定」への記入でも可）。また、夫（妻）や家族の命日なども想定できます。

アセスメント要約表

　各項目の内容を要約して記載します。

　記入欄の大きさを見ればおわかりでしょうが、各項目で記載した情報をすべて書き込むことは困難でしょう。項目のポイントをまとめ内容を記載します。ただし、各項目において抽出されていない情報が、この場で初めて示されるのはよくありません。また、各項目で抽出された情報と違った情報（例えば、「項目7排泄」で、アセスメントでは「失禁なし」と示されていたのに、要約表では「時々失禁する」など）が示されるのもよくありません。記入の際には、矛盾が出ないよう注意しましょう。

⑤ サービス担当者会議報告書

利用者のニーズを基に目標やサービス内容を決定する

アセスメントで聞き取ったニーズ（希望等）の実現や解決に向けた「目標」を設定し、利用者等とともに具体的な「サービス内容」の決定・確認を行います。ここでは、サービス担当者会議の場を利用します（この時点で、仮の介護計画を作成しておくと速やかに進行します）。書式は特になく、各自で使いやすいもので行いましょう。

サービス担当者会議報告書

報告日：平成〇〇年8月6日

日 時	平成〇〇年8月6日（水）16:00～16:30	場所	地域交流室
利用者名	Cさん		
会議名	Cさん 生活の目標設定について（アセスメント後の介護計画作成のため）		
出席者	Cさん、管理者A、介護支援専門員B（進行係）、担当職員C（書記・報告） 看護職員D 以上5名　　　　　　　　　　　　　　　　備考：甥のEさん（欠席）		

検討する項目および内容	1. アセスメントにより希望が挙がった項目の目標設定をする。 　生活全体の意向を基に、各項目で希望の挙がった「健康状態等」「理解・行動」「移動」「調理・食事」「入浴」「家事・IADL」「生活の質」「その他」についてCさんに聞きながら決めていった。 2. アセスメントにより希望が挙がった項目のサービス内容を検討確認する。 《鍵について》 Cさん：鍵の保管についてお風呂に入る時も預かって欲しい。 職員B：わかりました。時間的に夜勤者か宿直者になります。 職員C：わかりました。今夜から預かりますか？ Cさん：そのほうが安心できるのでお願いします。 職員C：では今夜から開始し、介護計画にもその旨追加します。
結論	1. 目標設定は次の通りとする。 【健康状態等】【調理・食事】を一緒に考える。 　　　　（短期目標）自宅での食生活を続ける。 　　　　（長期目標）1年後も好きな物が食べられる（ように元気でいる）。 【理解・行動】【その他】を一緒に考える。 　　　　（短期目標）「お金を盗られた」「部屋に誰かが入ってくる」という訴えを減らす（なくす）。 　　　　（長期目標）設定なし。当面グループホームの生活に慣れることに集中し、それから考えるとのこと。 【入浴】　　（短期目標）毎日入浴する。 　　　　　（長期目標）自分のペースで毎日入浴する。 【移動】【生活の質】を一緒に考える。 　　　　（短期目標）毎日買い物に行く。 　　　　（長期目標）ひとりでも買い物に行けるようになる。 【家事・IADL】（短期目標）自分でやってきた家事を続ける。 　　　　　　（長期目標）1年後も家事は自分でやる。 1. サービス内容の検討・確認をする。 ・《鍵の件》「お風呂に入る時は預かってもらいたい」と本人から希望が追加されたので、アセスメントと介護計画に加える。 ・その他は、（仮）介護計画通りにサービスを行うことになる。
備考	・（仮）介護計画書およびアセスメント表を見ながら話を進めた。 ・甥のEさんには担当職員Cから会議の件を報告（6日18時・電話にて）済み。
次回予定	未定。サービス開始後、不都合な点等があれば行う。

【確認欄】

利用者	管理者	計画者	職 員

⑥ 介護計画書（1）

介護計画書（1）は、利用者情報・利用者の生活全体のニーズ・職員のサービス方針を記載します。介護計画の更新・変更のたびに作成し直して繰り返し使用します。

【初回・継続・再検討】

・「初回」利用者に対して初めて介護計画書を作成する場合。

・「継続」モニタリングおよび再アセスメントを実施上で介護計画の内容に変更がない場合。または、要介護認定更新（認定変更なし）の場合。

・「再検討」利用者のニーズの追加や変更、要介護状態の変更、入院後の状態変化等の場合。

【利用者の生活（人生）全体の意向】

入居後情報の1ページ目の最初の「生活（人生）全体の意向」で聞き取った話をそのまま書き写します。

【家族の意向】

入居後情報の1ページ目の「家族の生活全体の意向とかかわり」欄の「利用者の生活全体の意向」で聞き取った話をそのまま書き写します。

【事業所の総合的介護サービスの方針】

入居後情報の最初の1ページ目に出てくる「事業所側の本人へのかかわり方～事業所の総合的介護サービスの方針～」をそのまま書き写します。

【利用者受領欄】

利用者に交付（コピーをして渡す）した日付と、署名を利用者からもらいます（原則は利用者ですが、やむを得ない場合には代理人に署名してもらいます）。

⑦ 介護計画書（2）

　介護計画書（2）は、サービス目標や具体的なサービス内容を記載します。介護計画の更新・変更のたびに作成し直して繰り返し使用します。

☑認知症対応型共同生活介護計画（2）
☐介護予防認知症対応型共同生活介護計画（2）

入居者名：　　C　　様　　部屋：1階ユニット3号室

ニーズや生活の現状	目標	サービスの内容等				
		サービスの項目	具体的な内容	担当者	頻度	期間
（項目：1と6） <本人> ・糖尿病を悪化させたくないがカロリー制限はしたくない。 ・食事は魚が好きで毎日でも食べたい。食事の支度も自分でやる。	（長期目標） 1年後も好きな物が食べられている（元気でいる）。 （短期目標） 自宅での食生活を続ける。	健康状態等 および食事の配慮	《食事の支度》 ① 朝は7時半頃にパンを焼く。 ② 昼食は12時半過ぎから作る（うどん等麺類が多い）。 ③ 夕食は17～18時半の（台所が）空いている時間に作る（焼き魚・煮魚・刺身中心）。 ④ 昼食と夕食の献立は本人が決める。 ⑤ 昼食と夕食の準備は職員も一緒に台所に立つが調理は本人に任せる。 ⑥ IHの使い方等を聞かれたら手伝う。 《食事の摂取量》 ① 食事摂取量は本人が決める。 ② 食事表をつけ毎食の摂取量を確認する。 ③ 食事表は事務室の○○に保管。 ④ 食事表への記入は食後、本人と職員で行う。 ⑤ 食事表を毎月通院時持参し主治医に見せる。 《通院等について》 ① 糖尿病に関する通院先はH医院。 ② アルツハイマー病に関する通院先はG病院。 ③ 通院日は主治医と相談し決める。 ④ 糖尿病の症状悪化等の場合はすぐに通院する。 ⑤ 通院は看護職員が付き添う。 ※車で移動。身支度は本人が行う。	本人 本人 本人 本人 本人と職員 職員 本人 1階職員 1階職員 本人と職員 同行職員 （看護） H医院 G病院 主治医他 看護職員	朝7時頃 12時半以降 17～18時半の間 4～6 調理時 毎食時 通院時	8月10日 ～ 11月9日
（項目：3と12） <本人> ・誰かが部屋に入ってくるかもしれないから心配。	（短期目標） 「お金を盗られた」「部屋に誰かが入ってくる」という訴えを減らす（なくす）。	理解・行動の支援 （部屋の施錠支援）	《部屋の施錠について》 ① 部屋の鍵を1本、本人に渡す（預り証発行済）。 ② 部屋の鍵を本人が自己管理する 　（首にかけられるようにする……済み） ③ 部屋から出る際（外出・リビング等）鍵をかける。 ④ 外出の際、鍵を預かる（希望時）。 ⑤ 預かった場合は、事務室机の右上引き出し内に保管する。 ⑥ 部屋から出て来た際、鍵をかける様子を見た場合は声をかける（鍵かけす大丈夫ですか？）。	管理者 本人 本人 1階職員 1階職員 職員	②③常時本人保管 外出時 預かり時 その都度	8月10日 ～ 11月9日
（項目：8） <本人> ・毎日入浴したい。	（長期目標） 自分のペースで毎日入浴する。 （短期目標） 毎日入浴する。	入浴の支援	① 入浴するかは本人が決める。 ② 入浴準備は職員が行う。 　設定温度：40度、シャワーチェア準備 ③ 入浴動作は本人が行う（介助なし）。 ④ 入浴を開始した時間を確認した職員は他の職員に伝える。 ⑤ 脱衣室に入ってから40分経過しても出てこない場合は、見に行く。 ⑥ 入浴の有無・入浴所要時間を記録につける。 ⑦ その他本人の希望により必要な介助を行う。	本人 1階職員 本人 夜勤者か宿直者 夜勤者か宿直者 夜勤者 職員	入浴時	8月10日 ～ 11月9日
（項目：5と11） <本人> ・毎日でも買い物に行きたい。 ・まわりは坂道が多いので車を出して欲しい。	（長期目標） ひとりでも買い物に行けるようになる。 （短期目標） 毎日買い物に行く（出かける）。	移動および 生活の質の支援	① 毎日、出かける（スーパー中心）。 ② 買い物内容と場所は、本人と相談して決める。 ③ 出かける時間は本人と相談して決まる。 　朝食後、日勤者が聞く。 ④ 出かける際は部屋に鍵をかける。 ⑤ 車を出す。 ⑥ 目的地に着いたら、自力歩行（杖）で移動する。 ⑦ 歩行時見守る。 ⑧ 膝の痛みや疲れの訴えあれば休憩する。 ⑨ その他の外出・外出先については本人の希望を聞いて出かける。	本人と職員 本人と職員 本人と 1階日勤者 同行本人 職員 本人 同行職員 本人と職員 本人と職員	毎日 外出時	8月10日 ～ 11月9日
（項目：10） <本人> ・洗濯掃除等家事全般を自分でやる。	（長期目標） 1年後も家事は自分でやる。 （短期目標） 自宅でやってきた家事を続けてやる。	家事等への配慮	① 次に挙げる家事は本人が行う。 　掃除、洗濯、戸締まり、冷暖房の管理。 ② リモコンや機械操作がわからない時は手伝う。 ③ リモコン・洗濯機操作表示を大きくする。 ④ 洗濯機操作手順を大きく貼り出す。 　（③と④は済み） ⑤ 職員は手伝わず見守る。	本人 ②～⑤ 職員	その都度 希望時	8月10日 ～ 11月9日

事業所名：

【ニーズや生活の現状】

　「項目」については、入居後情報の該当する項目番号を入れます。

・1つの項目について計画を立てる場合：

　健康状態等なら「項目：1」と記載します。

・複数の項目を連動的にひとまとめにして計画を立てる場合：

　日常生活はすべての項目が連動的に行われて成り立っていることは言うまでもありません。

　例えば、グループホーム内は杖を使えば自力歩行が可能で、買い物や外出時は一部車いすを必要とする利用者がいます（項目5と11が該当）。この場合、別々な計画ではなく連動的に考え、

項目欄には、「項目5・11」とします。余白には、「項目5の移動」と「項目11の生活の質」のニーズや現状をまとめて（同一空欄内に）記載します。「買い物や外食に出かけたい。外出の時は歩行が心配なので車いすを利用したい。」と書けばよいのです。ニーズであれば、勝手に言葉を変えてはいけません。

【目　標】

「長期目標」と「短期目標」を記載します。「目標」を入居後情報の希望（ニーズ）で聞き取ったことを基に、利用者が決めるか、サービス会議等を通じて利用者等と相談し決定します。

「長期目標」にニーズで聞き取ったことがそのまま該当する場合もあるでしょう。例えば、「項目1：健康状態等」や「項目6：移動」で、ニーズが「歩けるようになって○○に旅行に行きたい（行く）」とします。利用者や関係者間で相談し、長期目標を「自力歩行で○○に旅行する。」短期目標を「自力で歩行したい。もしくは自力で歩けるようになる。」とすればよいのです。また、どうしても長期目標等が立てにくい場合は、書かない場合もあります。

～「目標」の書き方参考例～

	項目	長期目標	短期目標
例1	生活の質・家事	家に帰って生活したい（生活する）	自分で簡単な調理ができるようになる（する）
例2	排泄	トイレで排泄したい（する）	オムツ以外で排泄する
例3	移動	1人で歩く（歩けるようになる）	歩行器を使い室内を歩く（歩けるようになる）
例4	健康状態等	病気を悪化させず健康でいたい	脱水にならないように水分を1,200ml／日飲む
例5	家事・IADL	身のまわりの家事は自分でしたい（する）	昼食を職員と一緒に作る
例6	生活の質	来年もお墓参りに行く	近隣のスーパーには歩いて買い物に行く

※あくまでも利用者が決めるか相談の上、決めましょう。

以上のように、「目標」を記載することでモニタリングしやすくなります。

・「目標」の設定に困った場合：

介護計画を作成するものの、利用者ニーズが認知症状の重度化等により本人から聞けない場合があります。代弁者が何らかの意図を持ってサービスにあたるわけですが、「目標」を明示しにくい状況にあると言えます。

仮に設定した「目標」に対しても、利用者やその家族から「その目標で良いですよ！」と了承してもらえない場合が考えられます。そういった場合、先にも話したように、実際のサービス内容は、入居前や入居後情報から利用者の主体的な言動や結果（好きな食べ物や入浴の回数など）を参考にして、サービス内容等を決めていきます。ここで注意したいのは、「目標」を（ある意味）元気な頃と同じにしてよいのかということです。どうしても、「現状維持的」もしくは「昨日までと同じ」を基本として立てるしかありません。

結果、「〇〇の維持」「〇〇の継続」「本人の望む〇〇の機会の維持」といった目標設定になっても、それは立派な目標です。
　もう1つ注意してほしい点は、目標例と比較するとわかりますが、モニタリングの際に目標通りにサービスが行われたどうかについて評価しづらい場合があることです。

・目標をもつことの利点：
「毎日精一杯で先のことは考えられない」という人たちは、利用者に限らず多いことでしょう。それでも、目標をもつことは大事なのです。目標をもつことで、それに向かって自分自身を奮い立たせ、日々の生活で躊躇してしまいそうな時に頑張れるのではないでしょうか。

・「夢」と「目標」の違い：
夢をもつことは何歳になっても素晴らしいことです。その素晴らしさを踏まえた上で、現実的な面から夢と目標を考えてみましょう。夢の中身ははっきりしていますか？　はっきり定まっているなら、それは「将来の目標」ととらえてよいでしょう。また、夢は「かなわなくても仕方ない」と諦めることができても、現実的な目標（や思い）は達成してこそ価値のあるものです。それは、自分の中にある「できることが当たり前」という感情が出発点になっていることもあるでしょう。例えば、利用者が「家に帰りたい」と思うことは、「老人施設は嫌いな場所でないにしても、『家に戻りたい』と願うほうが当たり前」だからです。

・目標設定の注意点：
グループホームに限らず、介護計画書の作成において計画作成担当者が頭を抱える場面は数知れずあるでしょう。中には自分ひとりで抱え込んで悩んだ挙げ句、利用者にアセスメントせず勝手に目標設定やサービス計画を立ててしまうケースが見られます。これでは書面上は、立派な介護計画書であっても"絵に描いた餅"でしかありません。利用者はやりたくない、他の職員も「なぜ、そのようなサービスをするのか」を把握していない……それでは、サービス計画通りにいかないのがオチです。
　目標はアセスメントしたニーズに対して、利用者が決めるか、利用者と職員等が相談して決めましょう。

【サービスの項目】

　書式の左側の「ニーズや生活の現状」に挙げた「1つの項目」または「複数の項目」をそのまま記載します。1つの項目なら、「排泄の支援」「入浴の配慮」と、項目タイトルにそのまま「支援」や「配慮」と付け足せばよいでしょう（複数の場合は「移動および生活の質の支援」と記載します）。また、アレンジしてもかまいません。例えば、「生活の質」の「外出」に絞って計画を立てる場合なら、「外出の支援」としてもよいですし、「健康状態等」の「通院介助」に絞った計画なら「通院の支援」と記載してもよいのです。
　ここで、「支援」と「配慮」の使い分けについて説明します。早い話、どちらでもよいのですが、大まかにいうと、「支援」は直接的な介助等のサービスを行う場合に用います。「配慮」は、直接的な介助は行わないが、見守りや環境整備（〇〇の準備など）を行う場合です。

【具体的な内容】

　サービス内容を具体的に箇条書きします。1つの項目のニーズ・サービス項目であれば、サー

ビス内容やその手順を記載します。

記入方法としては、「サービス項目」が「1つ」の場合で「具体的なサービス」が1項目の時は手順等をそのまま羅列していきます。

・**項目が1つでも複数の支援内容に分けて考える場合：**

例えば、「項目：健康状態等」で「サービス内容」が「通院の件」と「日常の健康管理」の場合。「1. 通院の支援／通院介助について」として、次に「2. 日常の健康管理の支援／日常の健康管理について」として、手順等を羅列していきます。

好ましくない記入例1：

作成した計画作成担当者は理解できても、他の職員や利用者等が理解できない内容ではよくありません。どの程度まで詳細に書くかは利用者の状況によって違うため、一概には言えませんが、利用者・家族、職員、誰が見てもわかるものでなくてはいけません。専門用語は出さずに書くことです。「職員は毎回同じだから書かなくてもわかる」と、省略するのは避けましょう。

具体的な内容で好ましくない表現例としていくつか挙げておきましょう。

a.「○○の場合は<u>できる限り</u>手伝う。」

下線部「できる限り」という表現がわかりにくいです。よく使う表現ですが、意味があいまいになります。「できない時は手伝えない……」とも解釈でき、職員によっては「手伝わないのが当たり前」になってしまいます。

b.「本人の顔色を見て○○への声かけをする。」または「本人の体調のよい時に誘導する。」

いずれも、職員の経験により見方が違うため、客観的な判断が難しいです。仮に、表情については判断できるとしても、職員がその場にいなければそもそも成立しません。「体調のよい時」と表現するならば、「血圧が○○以下の時」など、客観的な目安を記載することが必要です。

c.「○○は食べやすいように工夫する。」

どのように工夫するのか具体的に記載する必要があります。

d.「随時、排泄の声かけをする」

「随時」では声をかけ忘れてしまったり、いつ誰が声をかけたのかがわからず、あるいは複数の職員が連続して声をかけたために利用者を怒らせてしまう、といったことになりかねません。

e.「トイレへはさりげなく声をかけて誘導する。」

「さりげなく」は仕草ですか？ 声の大きさですか？ 通りすがりに声をかけることですか？

f.「本人の機嫌のよい時を見て声をかける。」

「機嫌のよい時」とは、どのような時でしょうか？ 笑っている場面なのでしょうか。もちろん顔を見れば何を考えているか手に取るようにわかることもあるかもしれません。しかし、機嫌や気分は表情だけでは判断できないものです。まして、機嫌（表情）のよい時に職員がその場にいなければできません。

好ましくない記入例2：

具体的なサービス内容に、アセスメントに該当する内容が盛り込まれていたり、箇条書きではなく文章化されている例を挙げておきます。

a.「<u>歩行時ふらつきが見られるので</u>歩行時は付き添う。」

下線部はアセスメントにあたる部分なので（あえて）記載しません。歩行時に毎回ふらつくのであれば、「歩行時は付き添う。」でよいです。また、場面によってふらつくのであれば、「1. 次

の状況時は付き添う。①夜間、居室より出て来た時。②外出時。」などと指定します。
b.「入浴は浴室まで一緒行って、脱衣は見守り、背中を洗うことと洗髪は介助し、浴槽の出入りは見守る。」

　サービス内容については具体的に書かれているので問題ありませんが、文章化してしまっているので読む側がわかりにくいです。箇条書きにしましょう。「①浴室までは一緒に行く。歩行の見守り。②脱衣は見守る。③背中の洗体と洗髪は本人に確認し介助する。④浴槽への出入り時は見守る。」と記載するとよいでしょう。

【担当者】

　「（サービスの）具体的な内容」に示した手順等を担当する職員等を記載します。

記入例

- 「職員」特定職員ではなく、職員全員がサービス担当者となる場合
- 「1階ユニット職員」1階のユニット職員がサービス実施対象者となる場合
- 「○○（職員個人名）」記名職員が基本的にはサービスを行う場合
- 「長女（家族）」長女が担当するサービスを実施する場合
- 「主治医」主治医が担当するサービスを実施する場合

　その他、「友人○○（個人名）」「姪（個人名でも可）」など、サービス実施者を記載しましょう。
　書き方（箇所）は、手順等を示した横に記載します。または手順等に番号を付けている場合も同様です。
※職員やユニット等の表示については、各グループホームで使用している名称に置き換えてください。

【頻　度】

　サービスの具体的な内容を実施するタイミング（場面等）を示します。サービスの場面が決まっている場合であれば、「毎食時」「昼食時」「入浴時」等と記載します。サービスの時間を指定されているなど時間がはっきりしている場合は、「朝7時」「23時と3時」と記載しましょう。またその他として、時間が決まっていない、場面も様々な場合は「希望時」「外出時」等と記載すればよいでしょう。

【期　間】

　介護計画書（2）「目標」の短期目標に合わせて記載します。「1月10日～4月9日」など、いつからいつまで行うかを具体的に書きます。「3カ月」という表示でも悪くはありませんが、いつから開始しているかをわかりやすくしたほうがよいでしょう。

⑧ 介護計画モニタリング表

介護計画モニタリング表

(記入日： 平成 ○○ 年 11 月 5 日)

入居者名： C 様
計画作成担当者： H
担当者介護職員： I

ニーズや生活の現状	サービス項目	実施状況	目標の達成や本人の満足度	今後の方向性
(項目： 1と6) ・糖尿病を悪化させたくないがカロリー制限はしたくない。 ・食事は魚が好きで「毎日でも食べたい」。食事の支度も自分でやる。	健康状態等および食事の配慮	☑計画通り実施できた □一部実施できた □実施していない ～具体的な理由等～ 本人の意向通りにサービスが行えた事と、食事に関する情報の把握ができた上、健康状態が維持されたため。	○短期目標の達成度 【利用者】 ☑達成できた □ほぼ達成 　　　　　□少し達成　□達成できなかった 【職　員】 ☑達成できた □ほぼ達成 　　　　　□少し達成　□達成できなかった ～所見欄～ (「美味しく食べる」は見ているだけではわからないが、本人の食に関する自発的な言動が多く、その内容に沿ってサービスを行った。職員から食べる量を制限しなかった。　　　　　　　　　　　　　) ○本人のサービス満足度 ☑満　足　　□ある程度満足 □不満足　　□不　明 ～具体的な理由等～ (職員は食べることについて口を挟まずに好きなようにさせてくれた。　　　　　　　　　　　　　　　　)	☑サービスを継続する □サービスの具体的内容を変更して継続する □サービスを中止する □その他(　　　　　　　　　　　　　) ～備考～ ・引き続き、本人の意向に沿ってサービスを行いながら、糖尿病の状態の把握や悪化防止にも務めていく。 ・糖尿病の状態の悪化は見られず(主治医に確認済み。
(項目： 3と12) ・誰かが部屋に入ってくるかもしれないから心配。	理解・行動の支援 (部屋の施錠支援)	☑計画通り実施できた □一部実施できた □実施していない ～具体的な理由等～ ・鍵の受け渡しや施錠確認は一度も抜けることなく行えた。 ・本人から「誰かが入って来た」といった訴えがなかった。	○短期目標の達成度 【利用者】 ☑達成できた □ほぼ達成 　　　　　□少し達成　□達成できなかった 【職　員】 ☑達成できた □ほぼ達成 　　　　　□少し達成　□達成できなかった ～所見欄～ (鍵の紛失や受け渡し損ねる事もなかった。　　　) ○本人のサービス満足度 ☑満　足　　□ある程度満足 □不満足　　□不　明 ～具体的な理由等～ (安心して暮らせている。でもいつまた誰かが入ってくるかわからない。　　　　　　　　　　　　　)	☑サービスを継続する □サービスの具体的内容を変更して継続する □サービスを中止する □その他(　　　　　　　　　　　　　) ～備考～ 本人が安心して暮らし行くためには今後も継続する必要がある。

サービスへの希望等	モニタリング時点では新たな希望等は出なかった。これを基に再アセスメントの際に再度確認していく。
モニタリングまとめ	ここまでは、本人の意向通りにサービスを行うことができたが、外出の頻度やひとりで外出することなどニーズが変わる事があるかもしれない。

※紙面の都合上、「入浴」「移動・生活の質」「家事・IADL」は割愛しました。

事業所名： グループホームT

【ニーズや生活の現状】

介護計画書(2)の「ニーズや生活の現状」に記載した情報をそのまま転記します。

【サービス項目】

上記(2)で「ニーズや生活の現状」に沿って記載した「サービス項目」をそのまま転記。

【実施状況】

上記(2)の「サービス内容等」が計画通りに行えたかどうかを評価して記載します。

【目標の達成や本人の満足度】

利用者本人と職員、それぞれの視点で評価し記載します。本人が満足していても職員側はやり切れていなかった……という場合もあるので、双方が一致した評価とならなくてもおかしくはありません。

【今後の方向性】

サービスを継続する等、利用者と相談して記載します。利用者は満足していても、関わる職員の変更等一部修正を提案する事等もあるでしょう。

【サービスへの希望等】
　介護計画書およびモニタリングに出て来た項目だけではなく他の項目への希望も含め、利用者から希望があれば記載します。再アセスメントで詳細を詰めていくとよいでしょう。

【モニタリングまとめ】
　モニタリングのまとめを記載します。

第5章

事例で学ぶグループホーム計画書のつくりかた

　ここでは、4つの事例を通じて書式の記入方法を紹介します。
　事例1　「健康を維持し自分の思う通りに暮らしたい」と願う利用者の介護計画
　事例2　水頭症等（全介助）によりアセスメントが困難な利用者に対する介護計画
　事例3　身寄りがなく、ひとり暮らしをしていた利用者に対する当面の介護計画
　事例4　「自宅に戻って生活したい」と願う利用者の自宅復帰への挑戦!!
　事例1と2については、すべてのアセスメントおよび介護計画書を掲載しています。事例2と3については、アセスメント部分は割愛し介護計画書のみ掲載しています。
　この事例はあくまで参考です。アセスメント項目や介護計画書の記入方法について「このように書けばよいか……」と皆さんが作成するときの参考にしてください。

事例1 「健康を維持し、自分の思う通りに暮らしたい」と願う利用者の介護計画

《ポイント》
①自宅での生活習慣等をグループホーム入居後も継続することで本人の生活意欲が増し、「自分らしい暮らし」の実現につながる。
②年齢や疾病（高血圧等）を心配する「職員の気持ちが先行した」保守的なサービスではなく、本人の積極的な行動を尊重し、見守る姿勢や後方支援に努める。

利用者氏名： A・Aさん（女性・○○歳）
要介護度区分： 要介護1
疾患名： 高血圧症、老人性認知症、アレルギー性の喉のかゆみ、老人性難聴

家族構成：4人姉妹の長女。

　前夫との間に3人の子供（長男・長女・次女）がいる。前夫も健在。長男は気にすることはあるが「今さら面倒をみろと言われても」と話す。2人の娘は嫁いでおり、離婚後接点はない。

　再婚後、2人の子（長男・長女）をもうける。すでに夫はなくなっている。長男とは電話で年数回話す程度で会うことはない。長女Bさんと長男は連絡を取り（長女Bさんより）親の様子を伝えている。長女Bさんは結婚するが離婚。親のアパート近く（徒歩5分）で単身生活中。同居については嫌とのこと。

　Aさんと交流があるのは、長女Bさん、利用者Aさんの妹の子供Dさん（姪）である。

入居に至った経緯：

　単身でアパート暮らしをしていたAさん。

　20XX（平成○○）年冬頃より、「通帳がなくなった」と姪のDさんや長女Bさんに訴えるようになる（探しても見つからず何度か通帳を作りかえている）。そんな中、民生委員に対して「長女が自分の通帳を狙っており、勝手に持って行く」と漏らし始めるようになる。心配した長女が民生委員や社協に相談し、介護認定を受けることに（「老人性認知症」との診断を受ける）。要介護1でデイサービスに通い始めるが、すぐに「あまり面白くない」「畑に行っていたほうがまし」と利用しなくなる。

　通帳への追及がますます激しくなったAさんに対して、疲れ果てた長女は介護施設を探すことを考え始める。ちょうどその頃、Aさんの自宅アパートが取り壊されることになり、新しい住居を早急に見つけることになった。

　長女からの相談を受けて、グループホームがAさん宅を訪問。当初、本人に入居の意思はなく、アパートの取り壊しの件を疑っていた。しかし、職員が何度も訪問をするうちに、家に通してくれるように。また、取り壊しについて、大家さんから数回にわたって説明してもらうことで、新しい住居を見つける気になり、入居へと気持ちが動いていった。

入居してからの生活の様子：

・入居当日

　引越しの手伝いに職員が訪問すると、Aさんが「あたしがここを出て行ったあと、乗っ取るつ

もりでしょ！」と、長女Ｂさんを責める。言い争いの中の入居となった。

・入居後数日

　生活についての希望については「特にない」と言っていた。しばらくして改めて尋ねると、「すべて自分でやるから大丈夫」「部屋の鍵を一本貸して欲しい」「部屋には誰も入らないで欲しい」「入浴は夕食後に入りたいので、他の人が出てからでいいので声をかけて欲しい」などと話す。

　鍵にはアパート時代に使っていたキーホルダーをつけ、部屋から出るときは必ず施錠していた。

　「通帳」の件は、相変わらず続いた。長女Ｂさんの「疲れたのでしばらく会いに行きません。通帳の件は続くので何かあれば電話をください」との要望により、週１回近況報告をすることに。

・入居後１週間ほど経過

　散歩に出るようになる（「道がわからないから」と職員と一緒に歩く）。買い物にも一緒に出かけるようになり、その後、ひとりで散歩や買い物（決まったスーパー）に行くように。

・入居後３カ月ほど経過

　起床から就寝までの生活のリズムができてきた。長女Ｂさんは２週間に一度のペースでＡさんに会いに通帳を持参して来た。Ａさんが希望した金額を降ろして来た際は、現金と記帳された通帳を見せるようになる。半年が過ぎた頃、お金のやり取りに安心したのか「通帳がなくなった」と訴える回数は大幅に減った。

　生活面では、畑に出ることが多くなった。しかし、この頃より、「頭痛」等の訴えがある。血圧が高いと診断され薬の服用を始める（脳には異常なし）。「父親のように倒れたくない」と話すようになり、血圧を測るように。

・入居して１年半ほど経過

　ひとりで外出し、戻ってこられなくなって警察に保護される（２度）。１度目は「誰かの法事がある」と出かける（長女Ｂさんに確認して、法事はないことがわかり、迎えに追いかけた）。一度帰宅してから「出かけてくる」とひとりで外出。「歩いているうちに、どこに行きたいのかわからなくなり迷った」と話す。２度目は、「道がわからなくなっただけ」と。

　主治医に相談し、精神科の検査を受診（認知症と診断される）。また、「夜に歌が聞こえる」と訴えるようになり耳鼻咽喉科を受診（「耳の老化」とのこと）。夜間寝れないと、耳鳴りがさらに酷くなるため、安定剤を処方（服用後、症状は１週間に一度程度になり、本人も気にしなくなった）。

　その後、生活面は畑に出たりしながら落ち着いていたが、「頭が締め付けられる」と訴えにより受診（血圧が高く、処方薬を変更）。

　「父親のように倒れないか」とさらに不安を募らせる。また、衣類の片付けた場所がわからなくなる等、「ボケた」と言うようになる。「父親のように倒れないで、ボケないようにしたい」とこの頃より話すようになる。

　本人、長女Ｂさん、主治医等と相談（サービス会議）。本人は「新しいことには挑戦したくはない。これまでの生活を守りたい」と話す。その思いに応える方向で検討した。ひとりの外出が気楽でいい、畑仕事は続けたい……など、健康状態に気をつけながらこれまでの生活のリズムを大切に継続することになる。

　そして、現在に至る。

基本情報

《本人氏名等》

フリガナ		男・**女**	年齢	M **T** S	○○ 年 12 月 6 日　　（○○歳）
入居者氏名	A・A				
住　所	〒　－ A県B市C区				電話：○○○-○○○-○○○○

《緊急連絡先》

第1 連絡先	氏名　B		男・**女**　年齢（　歳）　本人との続柄（　　長女　　）
	住所 A県B市	自宅TEL 携帯TEL 勤め先 e-mail	○○○-○○○-○○○○ ○○○-×××-○○○○ ○○株式会社 　　　　　　　＠
	【連絡方法等】（携帯電話へ連絡。仕事の休みは不定期だが、日中の勤務中も電話可能。　　　　）		
第2 連絡先	氏名　C		**男**・女　年齢（　歳）　本人との続柄（　　長男　　）
	住所 A県K市	自宅TEL 携帯TEL 勤め先 e-mail	△△△-△△△-△△△△ 　－　－ 　 　　　　　　　＠
	【連絡方法等】（自宅電話へ連絡。　　　　　　　　　　　　　　　　　　　　　　　　　　　）		
第3 連絡先	氏名　D		男・**女**　年齢（　歳）　本人との続柄（　　姪　　）
	住所 A県J市	自宅TEL 携帯TEL 勤め先 e-mail	－　－ ×××-××××-×××× 　 　　　　　　　＠
	【連絡方法等】（携帯電話に連絡。昼間はつながらないことが多いが、着信があれば折り返しの連絡がある。）		

《家族等（緊急連絡先以外）》

氏　名	住　所	電話番号	本人との続柄
E	A県J市	○○○-○○○-○○○○	妹
		－	

【家族構成】	【入居前の介護状況】
（家系図：長女B、長男C、Eさん、姪D）	・アパートで1人暮らし。 ・前夫の間に3人の子供がいるが、離婚時に夫が子供を連れて行った後はほとんど交流がない。 ・姪Dとは月に2、3度会っていた。 ・徒歩5分の所に、2番目の夫との子（長女）が住んでおり、多少の行き来はしていた。 ・家事・買い物は自分でしていた。

《入居希望時の認知症症状の確認》

認知症症状を確認した相手	W医師	本人との関係	主治医
所属・連絡先等	W医院（○○○-○○○-○○○○）		
確認書類等	主治医の意見書	確認職員	管理者

《身体障害者手帳等》

なし

《公的な支援制度の利用状況》

成年後見制度	☐利用している（補助・保佐・後見／任意） 【所　属】 【住　所】〒　　－ 【電　話】　　－　　－ 【利用期間】平成　　年　　月　　日から 【支援内容等】 （	☑利用していない 【氏　名】 【ＦＡＸ】　　－　　－ ）
地域福祉 権利擁護事業 （日常生活 自立支援事業）	☐利用している 【機関名】 【住　所】〒　　－ 【電　話】　　－　　－ 【利用期間】平成　　年　　月　　日から 【支援内容等】（	☑利用していない 【担当者】 【ＦＡＸ】　　－　　－ ）
生活保護制度	☐利用している 【部　署】 【住　所】〒　　－ 【電　話】　　－　　－ 【利用期間】平成　　年　　月　　日から	☑利用していない 【担当者】 【ＦＡＸ】　　－　　－

《入居に至った経緯》

　平成○○年4月下旬、E介護支援専門員より独居女性の相談が入る。
　おもな入居検討理由として、①在宅中のアパートが半年後に取り壊される、②新しい環境での独居への不安、③家族（長女）が親の独居を心配し、他のアパートも探したがすべて断られた、の3点が挙げられる。
　初回訪問時、本人が明るく迎えてくれた。身のまわりの家事全般を本人が自力で行っていた。本人は入居に乗り気ではなく、アパートの取り壊しの件についても疑っている様子であった。
　その後、本人の意思を大切にすすめながら、体験入居を提案。1週間の体験入居で「自分の思うように暮らせる」と実感し、入居することになった。

《性格》

・自分の意見をはっきり言う勝気な性格。
・困っている人を見ると、何かしてあげたいという面もある。
・マイペース。

入居前情報

作成日：平成○○年 5 月 1 日

1. 相談者等

《介護支援専門員》

氏　名	E介護支援専門員	事業所名	▲▲居宅介護支援事業所
住　所	A県B市C区	TEL ×××-×××-×××× FAX ×××-×××-××××	

《その他の相談者》

氏　名		事業所名	
住　所		TEL　－　　－　　FAX　－　　－	

《入居受付時の要介護認定》

要介護度	要支援　2　・　要介護　①　・　2　・　3　・　4　・　5
認定日	平成○○年 12 月 1 日　認定期間　H○○・12・1　～H○○・11・30

《入居受付時の日常生活自立度判定基準》

認知症	なし　・　Ⅰ　・　Ⅱa　・　Ⅱb　・　Ⅲa　・　Ⅲb　・　Ⅳ　・　M	判定日	H○○・11・10
寝たきり	J₁　・　J₂　・　A₁　・　A₂　・　B₁　・　B₂　・　C₁　・　C₂	判定日	H○○・11・10

《生活の意欲等》

生活の意欲	【生活意欲】☑あり　□ある様子　□不明　□なし 【加齢や病気による生活の孤独感・喪失感】☑あり　□不明　□なし
家族に対する希望・想い	☑あり（できれば預金通帳は自分で管理したい。必要なところは面倒見てほしい　　） □なし　□不明

《生活歴（出身地・家族のこと・職業等）》

【生まれ・出身地】A県生まれ。
【家族・結婚】・4人姉妹の長女。幼少期、父親に厳しく育てられた。母親は体が弱く、畑・蚕の世話・家事や妹の世話のために学校に行けないこともしばしばあったらしい。
・10歳代の頃、一家で外国に移り、牧場経営をしていたこともある。しかし、母親の状態が悪くなり、日本へ帰ってきた。その後、母親が亡くなる。父親とは折り合いが悪く、19歳の時に、父の再婚を機に家を出る。
・20歳代前半で前夫と結婚。3人の子供に恵まれるが離婚。子供は夫が引き取り、その後、ほとんど交流がなかった。その後、再婚。2人（長女・長男）の子供に恵まれるが、長女が10代前半の時に夫が亡くなる。
・夫の死後、1人で子供を育て、子供が独立した後は、1人でアパート生活をしていた。
【仕事】19歳の時に家を出てから、洋裁（特に作業着や仕事着の縫製）を仕事としていた。再婚後、夫がなくなってからも、洋裁で家計を支えていた。縫製工場や近くの商店からの注文を受けて自宅で縫製していた。工場等で働いたことはないらしい。
【暮らしの様子】・現在のアパートは、I駅から徒歩10分程度のところにある。徒歩5分内に、C区の商店街があり、生活に必要な物はそこでそろえることができ、1人で買い物に出かけていた。
・畑を借りて、自分が食べるくらいの野菜を作っていた。
・掃除や洗濯、料理もほとんど自分でしていたが、入居前には、惣菜を買ってくることが増えたようである。
・姪Dさんが月2～3回訪問し、本人の様子を見ていた。
・長女Bさんはさん宅から徒歩5分程度のところに住んでおり、Aさんは時々、Bさん宅を訪ねていた。
・近所との挨拶はするが、付き合いはなく、自宅を訪れる友人は多くなかったようである。
・時折、民生委員が自宅を訪問していた。
【その他】・現在本人が住んでいるアパートは、半年後に取り壊しが決まっており、居住者は引越ししなければならない。
・長女は、「次の住宅を考えなければならないが、母親の年齢では、なかなか借りることができない。といっても、一緒に住むのは嫌」と言っている。

2. 住居等

《入居前居住地》

☑自宅 □家族宅 □施設 □病院 □その他	住所・ 施設名	A県B市C区

《生活環境》

自宅（時期：入居直前　　　　　　　　頃まで）	施設・病院等（時期：　　　　　　　　頃まで）
【居住空間見取り図】 浴室　便所　和室 　　　　　　　和室（寝室）　ベランダ 玄関　台所　　TV	【居住空間見取り図】
【寝具等使用状況】 ①寝　具　□市販ベッド　□電動ベッド 　　　　　☑布　団　　□その他（　　　　　） 　　　　　付属品（　　　　　　　　　　　　） ②トイレ　☑洋式　□和式　□Pトイレ 　　　　　付属品（　　　　　　　　　　　　） ③浴　室　☑家庭浴槽　□施設一般 　　　　　□機械浴　□訪問入浴	【寝具等使用状況】 ①寝　具　□パイプベッド　□電動ベッド 　　　　　□布　団　　□その他（　　　　　） 　　　　　付属品（　　　　　　　　　　　　） ②トイレ　□洋式　□和式　□Pトイレ 　　　　　付属品（　　　　　　　　　　　　） ③浴　室　□家庭浴槽　□施設一般 　　　　　□機械浴

《1日の生活の様子》

自宅（時期：　　　　　　　　頃まで）	施設・病院等（時期：　　　　　　　　頃まで）
起床（6°頃）　　　　　　　　　　　　　6― 朝食・新聞を読む（8°頃） 掃除・買い物　または　畑仕事 昼食（12°半頃）　　　　　　　　　　　12― 買い物　または　畑仕事 夕食（19°頃）　　　　　　　　　　　　18― 就寝（22°頃） 　　　　　　　　　　　　　　　　　　　24―	―6 ―12 ―18 ―24

3. 健康等

《健康状態》

【既往・現病歴】※聞き取り・意見書等添付 大きな病気をしたことがなく、現在、病院にかかっていない（本人と長女Bさん談）。	【障害部位】なし 左右とも老人性難聴

《服薬状況》

薬　名	効　能	薬　名	効　能
なし			

《主治医・通院先》

医師氏名	医療機関名	診療科	連絡先等
W医師	W医院	内科・循環器科	○○○-○○○-○○○○

4. 家事等

家事項目	家事動作の範囲等（代行者）	家事の意向・いつまで自立？
掃除	☑自立　□家族　□施設等 用具（掃除機・雑巾・座敷等　　　　） 範囲（自宅内　　　　　　　　　　　） 頻度（2～3日おき　　　　　　　　　）	入居前まで自立。 ・掃除機よりも、ほうきで掃くことのほうが多かった。雑巾がけもよくしていた。
洗濯	☑自立　□家族　□施設等 洗濯機　①自動　②二層式洗濯機 頻度（洗濯物が溜まったら　　　　　）	入居前まで自立。 ・洗濯は自分でするのが当たり前だと思っている。
寝具の整理	☑自立　□家族　□施設等 頻度等　（	入居前まで自立。 ・朝起きると、布団を半分に折って部屋の隅に置いておく。
買い物	☑自立　□家族　□施設等 スーパーなど（○○スーパー　　　　） （△△商店　　　　　　）（　　　　） 頻度（2日に1回程度　　　　　　　　）	入居前まで自立。 ・近所の商店街で買い物をする。食材や日用品などほとんど自分で買っていた。たまに、長女Bさんに買い物を頼むこともあった。
調理 片付け	☑自立　□家族　□施設等 得意料理（炒め物　　　）（野菜の煮物　） （　　　　　　　）（　　　　　　　） （　　　　　　　）（　　　　　　　） 頻度（毎日　　　　　　　　　　　　）	・入居前頃より惣菜を買ってくることが増えた。 ・メニューを決めて、調理までする。 ・畑で取れた野菜を炒め物や煮物にしたり、味噌汁にすることが多かった。
電話の応対	☑自立　☑家族　□施設等	入居前まで自立（自分でしたい）。 ・難聴のため、普通の声では聞こえにくい。 ・長女Bさんが来ている時は、長女が対応。
戸締り	☑自立　□家族　□施設等	自分でしたい。夜間は必ず施錠。
火の取り扱い	☑自立　□家族　□施設等	入居前まで自立。自分でしたい。
冷暖房管理	☑自立　□家族　□施設等	入居前まで自立。自分でしたい。 ・空調はなく、夏は扇風機、冬はこたつを利用。 ・石油ストーブもあるがほとんど使わない。
来客の応対	☑自立　□家族　□施設等	入居前まで自立。自分でしたい。 ・難聴のため、普通の声では聞こえにくい。 ・長女Bさんが来ている時は、長女が対応。
その他		

※主体的に行っていた部分や内容（誰がどの程度行っていたか？等）を記載

5. 生活の質

生活の範囲	□公共機関利用での外出　①自立　②家族等の付き添い □自宅（施設）周辺の外出　①自立　②家族等の付き添い □室内中心　□自室内中心　□ベッド（布団）上の生活 □その他（買い物・畑仕事等で毎日、または2～3日に1回は外出する。　　　　　）

事例1

外出・買い物等	外出の機会　☑あり　□なし 自立度　　☑自立　□付き添いで（　　　　　　　　　　　　　　　　　　　　　　　） ①よく行った場所（畑　　　　　　　　　　　　　　　　　　　　　　　　　　　　　　　　） ②行きつけのスーパー（○○スーパー・△△商店　　　　　　　　　　　　　　　　　　　） ③デパート（　　　　　　　　　　　　　　　　　　　　　　　　　　　　　　　　　　　） ④商店街（C区商店街　　　　　　　　　　　　　　　　　　　　　　　　　　　　　　　　） ⑤美容／理髪店（こだわらない／2カ月に1度ぐらい〈F美容院〉　　　　　　　　　　　　） ⑥飲食関係（なし　　　　　　　　　　　　　　　　　　　　　　　　　　　　　　　　　） ⑦お墓参り（時期：お盆　　　　　　　　　　　　場所：A県F市　　　　　　　　　　　） ⑧旅行先・思い出の場所（　　　　　　　　　　　　　　　　　　　　　　　　　　　　　） ⑨金融機関（　　　　　　　　　　　　　　　　　　　　　　　　　　　　　　　　　　　）
趣味等	□あり（下記に詳細）　☑なし　□不明 ①タバコ　□吸う（銘柄：　　　　　　　　本数：　　／日）　☑吸わない ②飲酒　　□飲む（銘柄：　　　　　　　　量　：　　／日）　☑飲まない ③（過去の）習い事等（なし　　　　　　　　　　　　　　　　　　　　　　　　　　　　） ④スポーツ関係（なし　　　　　　　　　　　　　　　　　　　　　　　　　　　　　　　） ⑤その他（　　　　　　　　　　　　　　　　　　　　　　　　　　　　　　　　　　　　）
日課等	☑あり（下記に詳細）　□なし　□不明 ①（新聞を読む　　　　　　　　　　　　）→いつ頃まで（入居前まで　　　　　　　　　） ②（　　　　　　　　　　　　　　　　　）→いつ頃まで（　　　　　　　　　　　　　　）

《その他日常生活の情報》

現在は年金生活であるが、洋裁をしていたため、以前はたまに衣類の直しを頼まれることがある様子。また、自分の洋服でも自分で作ったり編んだりしたものがある。既製品でも、ウエストや着丈の直しなどは自分でしている。

6.ADL等《日常生活動作等》

起き上がり	【動作】☑自立　□一部介助　□全介助 【介助方法】（　　　　　　　　　　　　　　　　　　　　　　　　　　　　　　　　　　）
立ち上がり	【動作】☑自立　□一部介助　□全介助 【介助方法】（　　　　　　　　　　　　　　　　　　　　　　　　　　　　　　　　　　）
歩行(移動)	【動作】☑自立　□一部介助　□全介助 【介助方法】（　　　　　　　　　　　　　　　　　　　　　　　　　　　　　　　　　　） 【福祉用具等】①杖　②車いす　③その他（　　　　　　　　　　　　　　　　　　　　） 【夜間・室外での状態】（自立。　　　　　　　　　　　　　　　　　　　　　　　　　）
食事の摂取	【動作】☑自立　□一部介助　□全介助 【介助方法】（　　　　　　　　　　　　　　　　　　　　　　　　　　　　　　　　　　） 補助具（　　　　　　　　　　　　　　　　　　　　　　　　　　　　　　　　　　　　） 好物（　　　　　　　　　　　　　　　　　　　　　　　　　　　　　　　　　　　　　） 嫌いな物（　　　　　　　　　　　　　　　　　　　　　　　　　　　　　　　　　　　）
排泄（排尿）	昼間：【動作】☑自立　□一部介助　□全介助 【排泄場所】①トイレ　②Pトイレ　③尿器類　④オムツ類使用 【オムツ類】（メーカー・種類：　　　　　　　　　　　　　　　　　　　　　　） 【介助方法】（　　　　　　　　　　　　　　　　　　　　　　　　　　　　　　　） 【介助頻度】（　　　　　　　　　　　　　）尿意　①あり　②不明　③なし 夜間：【動作】☑自立　□一部介助　□全介助 【排泄場所】①トイレ　②Pトイレ　③尿器類　④オムツ類使用 【オムツ類】（メーカー・種類：　　　　　　　　　　　　　　　　　　　　　　） 【介助方法】（　　　　　　　　　　　　　　　　　　　　　　　　　　　　　　　） 【介助頻度】（　　　　　　　　　　　　　）尿意　①あり　②不明　③なし
排泄（排便）	昼間：【動作】☑自立　□一部介助　□全介助 【排泄場所】①トイレ　②Pトイレ　③尿器類　④オムツ類使用 【オムツ類】（メーカー・種類：　　　　　　　　　　　　　　　　　　　　　　） 【介助方法】（　　　　　　　　　　　　　　　　　　　　　　　　　　　　　　　） 【介助頻度】（　　　　　　　　　　　　　）便意　①あり　②不明　③なし 夜間：【動作】☑自立　□一部介助　□全介助 【排泄場所】①トイレ　②Pトイレ　③尿器類　④オムツ類使用 【オムツ類】（メーカー・種類：　　　　　　　　　　　　　　　　　　　　　　） 【介助方法】（　　　　　　　　　　　　　　　　　　　　　　　　　　　　　　　） 【介助頻度】（　　　　　　　　　　　　　）便意　①あり　②不明　③なし

入　浴	【動作】☑自立　□一部介助　□全介助 【準備】☑自立　□家族　□施設等 【頻度】①毎日　②週3～5回（　　　）　③ほとんど入らない 　　　　　入浴する時間帯：（19～21）時頃 【介助方法】（　　　　　　　　　　　　　　　　　　　　　　　　　　　　　）
歯磨き 洗　面	歯磨き：【動作】☑自立　□一部介助　□全介助 　　　　【義歯】①あり（　　　）　②なし 　　　　【介助方法】（　　　　　　　　　　　　　　　　　　　　　　） 洗面：【動作】☑自立　□一部介助　□全介助 　　　【介助方法】（　　　　　　　　　　　　　　　　　　　　　　　）
視　力	□普通　☑大きい字なら可　□ほとんど見えない　□見えない 【眼鏡】①あり　②なし 【頻度など】（　　　　　　　　　　　　　　　　　　　　　　　　　　）
聴　力	□普通　☑大きな声なら可　□あまり聞こえない　□聞こえない 【補聴器】①あり（音量レベル：　　　）　②なし 【頻度など】（補聴器は持っているが、雑音が気になるので使用していない　　）

7. 入居前情報まとめ（その他）

　1人暮らしが長く、生活全般のことを本人自身でしている。2度結婚しており、前夫との間に3人の子、再婚相手との間に2人の子がいる。前夫との子は、B市から車で1時間半程度かかるK市に住んでいる。

　また、本人の妹、妹の娘（姪Dさん）はJ市に住んでおり、姪Dさんは、本人のことを気にかけて行き来している。姪Dさんは、「叔母は、気が強く、外面はいいけど、内では難しいところがあり、それを子供たち（長女BさんとBさんの弟）は快く思っていない。そのため、子供たちは、自分から本人にあまり関わろうとしてこなかった。だから、自分だけでも、叔母と関わったほうがいいのではないかと思い、行き来している。私（Dさん）とBさんは、よく話すし、行き来もしている。Bさんも、『介護保険の要介護認定やデイサービスの契約等で、本人と関わることが多くなった』と言っている」。

　長女Bさんは徒歩5分のところに住んでいる。長女Bさんは、「母親には母親らしいことをしてもらったことがない。小さい頃から、食事やお弁当もすべて、自分が作ってきたし、弟の世話も全部、自分がしてきた。本当なら、母親とは関わりを持ちたくないが、兄（前夫との子）も面倒を見ないし、弟（再婚した夫との子）もあまり関わりたくないと言っているから、仕方がない」と思っている。

　本人は、H.○○年秋頃から、長女Bさん宅を訪れたり、電話をすることが増えてきた。長女Bさんも、話し相手になるくらいならと、徐々に関わるようになったとのことである。

　H.○○年冬頃から、「通帳がなくなった」「印鑑がなくなった」と、長女Bさんに相談することが増えた。預金通帳は探してもないため、今までに4回作り変えた。2回目に通帳をなくしたときに、再発行した通帳を長女Bさんが預かったが、その後、長女Bさんに対して「私の財産を狙っている」「通帳を持って逃げた」と、本人が長女Bさんを疑うようになったため、本人に通帳を戻した。

　しかし、その後、「通帳と印鑑を長女が狙っている。長女が持って逃げる」と、頻繁に電話をかけたり、長女Bさんの自宅や職場にやってくるようになった。4回目に作り変えた後は、「本人が持っていても、私が持っていても疑われるんだから（長女Bさん談）」と、長女Bさんが通帳・印鑑とも預かっている。

　H.○○年6月に要介護認定を受ける（要介護1）。この頃は、「通帳と印鑑がなくなった」と長女Bさんに何度か電話したり、長女Bさん宅を訪れていた。認定後、介護支援専門員にすすめられ、何度かデイサービスに通ったが、「知り合いがいない」「あまり面白くない」との理由で行かなくなった。他の事業所のデイサービスを利用したが、3カ月ほどで前回と同様の理由で行かなくなった。

　健康状態は、良好で、今まで大きな病気をしたことがなく、1年に数回、風邪で近くの医院に行く程度である。

入居後情報

作成日：平成○○年 5 月 13 日～○○年 5 月 14 日

■生活（人生）全体の意向

《本人の望む生き方・本人の望む生活～どのような人生を送りたいか。生活全体に対する希望等～》

・今の健康状態を維持したい（父親のように脳卒中になりたくない）。
・自分の思うとおりに生活したい。
・自分でできることは、自分でやって、ボケないようにしたい。

《本人の家族等への思い》

生活の意欲	☑あり　□ある様子　□不明　□なし
家族に対する思い	☑あり（できていないところの面倒をみてほしい　　　　　　）　□不明　□なし 【頼りたい家族】氏名：（　　B　　）続柄：（ 長女 ）
家に対する思い	□家で暮らしたい（帰りたい家は……　　　　　　　　　　　　　　　　　　　　　） □時々は帰りたい　　□不明　　☑どちらでもない
備考	自宅への思いはあり、入居後、自宅のアパートに帰ったこともある（3回）。しかし、その都度、長女Bさんから「アパートは取り壊すから戻ることはできない」と言われている。今は、「もう、戻ることはできない」と思っている。

《家族の生活全体の意向とかかわり》

キーパーソン	氏名：　　B　　　　　続柄： 長女
利用者への生活全体の意向	・ストレスなく穏やかに思うように暮らしてほしい。 ・自分勝手な行動で迷惑をかけないでほしい。
家族の役割や範囲等	月1回の来所・通帳管理

《本人の介護予防の取り組みの全体的な意向》※ 要支援2のみ

《事業所側の本人へのかかわり方～事業所の総合的介護サービスの方針～》

本人の健康状態に注意しながら、思うとおりの生活ができるよう支援していく。

■最新の要介護状態等

《要介護認定》

要介護度	要支援 2 ・ 要介護 ① ・ 2 ・ 3 ・ 4 ・ 5
認定日	平成○○年 12 月 1 日　認定期間　H.○○・12・1 ～H.○○・11・30

《日常生活自立度判定基準》

認知症	なし ・ Ⅰ ・ Ⅱ$_a$ ・ Ⅱ$_b$ ・ Ⅲ$_a$ ・ Ⅲ$_b$ ・ Ⅳ ・ M	判定日	H.○○・11・1
寝たきり	J$_1$ ・ J$_2$ ・ A$_1$ ・ A$_2$ ・ B$_1$ ・ B$_2$ ・ C$_1$ ・ C$_2$	判定日	H.○○・12・1

（○のついているのは：認知症 Ⅱ$_a$、寝たきり J$_2$）

（厚生労働省より）

1. 健康状態等（歯科含む）【項目1】

《希望や悩み》

■本　　人	①希望	☑あり（今の健康状態を維持したい　　　　　　　　　　　　）□不明　□なし
	②悩み	☑あり（父のように脳卒中で倒れるのではないか　　　　　　）□不明　□なし
■家族希望		☑あり（健康でいてほしい　　　　　　　　　　　　　　　　）□不明　□なし

《介護予防の取り組みへの意向》

■本　　人 ①希望 □あり（　　　　　　　　　　　　　　　　　　　　　　　　　　　　　　）□不明　□特になし
■事業所側の基本方針（　　　　　　　　　　　　　　　　　　　　　　　　　　　　　　　　　　　　　　　）

《主治医》

担当医名	医療機関名	診療科目	連絡先
W医師	W医院	内科・循環器科	○○○-○○○-○○○○

《その他の通院医療機関》

担当医名	医療機関名	診療科目	連絡先
Y医師	Y耳鼻咽喉科	耳鼻咽喉科	△△△-△△△△-△△△△

《医療連携体制》

医療連携の体制	☑連携なし　　□看護職員を配置 □外部連携　（事業所名：　　　　　　　　担当看護師：　　　　　　　　）
主な関わりの内容	

《障害の有無等》

【障害の部位等・前】　なし　　　　左右とも老人性難聴

【障害の部位等・後】　なし

《既往歴や現病》

	病　名	症　状（一般状態）
既・**現**	高血圧症（H.○○.12診断）	頭重感・眩暈・動悸・フラフラ感　血圧190/100以上
既・**現**	老人性認知症	物忘れ程度で日常生活への影響はない
既・**現**	アレルギー性の喉のかゆみ	喉のかゆみ・イガイガ感
既・**現**	老人性難聴	ゆっくり、大きな声で話せば聞こえる

《処方されている薬／服薬方法》

薬　名	効用等	服薬方法・注意点	薬　名	効用等	服薬方法・注意点
○○	降圧剤	朝／夕服用	××	抗ヒスタミン	朝／昼／晩服用
△△	降圧剤	朝服用	○×○×	安定剤	寝る前服用
××	降圧剤	頓服用（190以上＆下が100以上ある時）			

（処方箋の添付で可）

《担当者の所見／生活の様子／特記事項》

H.○○年1月○日　夕方
　夕方、本人より「頭がギュッと締め付けられフラフラする。このまま死ぬのではないか」と訴えがあった。血圧210/110。すぐに受診。降圧剤を増やし、薬が処方された。
　主治医からは、「適度な運動と水分摂取が大事だ」とアドバイスがあった。また、「気分不快時は、楽な姿勢になり、多くの水分をとること」と言われている。また、普段の生活においては、「頓服を飲んだあと血圧の過度な低下への注意が必要」と言われる。
　本人は「父親のように倒れるのでは？」と不安を持っている。日頃から、自ら血圧を測ったり、フラフラしたときには横になっている。

項目1【健康状態等】の計画必要度	1　2　③

第5章 事例で学ぶグループホーム計画書のつくりかた

2. 視覚・聴覚およびコミュニケーション【項目2】

《希望や悩み》

■本　人	①希望	☑あり（耳が遠いので大きな声で話してほしい	）	□不明	□なし
	②悩み	□あり（	）	□不明	☑なし
■家族希望		□あり（	）	□不明	☑なし

《介護予防の取り組みへの意向》

■本　人　①希望　□あり（	）	□不明	□特になし
■事業所側の基本方針（			）

《視力》

視　力	□普通（生活に支障がない）　☑大きな字なら可 □視野が限られている（　　　　　　　　　　　）　□見えない
補助具	眼　鏡　①使用（老眼鏡　　　　　　　　　　）　②不使用

《聴力》

聴　力	□普通（生活に支障がない）　☑大きな声は聞こえる □あまり聞こえない　□聞こえない（右・左）　□不明
補助具	補聴器　①使用（　　　　　　　　　　）　②不使用

《意思の伝達等》

意思の表示の手段	☑言語　□身振り手振り　□筆談 □その他（　　　　　　　　　）
意思の伝達	☑他者に伝えられる　□時々意思表示する　□ほとんどしない □しない（できない）
問いかけに対する反応	☑通じる　□時々通じる　□意思表示しないが通じている □通じない（反応がない）

《担当者の所見／生活の様子／特記事項》

　聴力は、左右とも難聴（大きな声であれば聞こえる）。TVも大きな音量でないと、何を言っているのかわからないので、映像で内容を想像している様子もある。補聴器は2個持っているが、「雑音がうるさいので嫌い」と着けたことがない。生活上は困った様子は見られない。
　視力については、遠くは見えているが、手元が見えにくいようである。普段は裸眼であるが、新聞を読んだり、手作業をしたりするときに、老眼鏡をかけている。

項目2【コミュニケーション】の計画必要度	①	2	3

3. 理解・行動【項目3】

《希望や悩み》

■本　人	①希望	□あり（	）	□不明	☑なし
	②悩み	☑あり（預金通帳を返してほしい	）	□不明	□なし
■家族希望		☑あり（お金の件で人を疑うのはやめてほしい	）	□不明	□なし

《介護予防の取り組みへの意向》

■本　人　①希望　□あり（	）	□不明	□特になし
■事業所側の基本方針（			）

《理解》　1……答えることができた　　2……答えることができなかった

ア	自分の名前は？（答え：A・A	）	①	2
イ	今現在の季節は？（答え：冬	）	①	2
ウ	生年月日は？（答え：大正○○年12月6日	）	①	2
エ	現在、自分の住んでいる場所の名称は？（答え：Y	）	①	2
オ	今朝・昨日食べた食事内容は？（答え：？	）	1	②

事例1

《行動力・行動意欲》 1……ある／できる　　2……ない／確認できない

	項　目	利用者		職　員	
ア	ひとりで外出することがある（できる）	①	2	①	2
イ	ひとりで外出しても事業所に戻ってこれる	①	2	1	②
ウ	最近、預貯金の出し入れを行った	1	②	1	②
エ	最近、独りで買い物に行った	①	2	①	2
オ	最近、独りで公共機関（電車・バス等）を利用した	1	②	1	②
カ	話しかけても上の空のようなときがある	1	②	1	②
キ	積極的に他の利用者や職員に話しかけている	①	2	①	2

《生活の様子や習慣》 1……ある／そう　　2……ない／違う

	項　目	利用者		職　員	
ア	日課等生活のリズムは昼間が中心である（夜は寝ていることが多い）	①	2	①	2
イ	日課等生活のリズムは夜間が中心である（昼間は寝ていることが多い）	1	②	1	②
ウ	生活の中で同じ話を繰り返し他者にする（大切な話の繰り返し）	①	2	①	2
エ	モノを大切にする（保管・取っておくことがある）	①	2	①	2

《生活上の羞恥心》

	項　目	利用者		職　員	
ア	排泄・入浴介助等の際に恥かしがる・嫌がる（異性の場合）	①	2	①	2
イ	排泄・入浴介助等の際に恥かしがる・嫌がる（同性の場合）	①	2	①	2
ウ	性的な欲求を示すことがある（具体例：　　　　　　　　　）	1	②	1	②

《記憶等》 1……はい／ある　　2……いいえ／ない

	項　目	利用者		職　員	
ア	物忘れがある	①	2	①	2
イ	物を忘れることに悩んでいる・心配している	1	②	1	②
ウ	お金や大切な物を取られた（と思った）ことがある	①	2	①	2
エ	幻聴や幻覚を見たこと、聞こえたことがある	①	2	①	2
オ	気分や言動が落ち着かないときがある	1	②	1	②
カ	気分がすぐれず、物を壊すなどまわりに当たり散らしたことがある	1	②	1	②
キ	（事情があり）他者に対して手を上げる・言葉で責めたことがある	1	②	1	②

《職員が感じたこと》 1……ある　　2……ない

	項　目	職　員	
ア	作話・妄想（具体話：通帳や印鑑を長女が狙っている。　　　　）	①	2
イ	幻聴・幻覚（具体話：　　　　　　　　　　　　　　　　　　）	1	②
ウ	異　　　食（具体話：　　　　　　　　　　　　　　　　　　）	1	②
エ	暴言・暴力（具体話：　　　　　　　　　　　　　　　　　　）	1	②

《担当者の所見／生活の様子／特記事項》

　買い物には1人で行く。事業所からスーパーまでの道は覚えている。しかし、違う道に入るとわからなくなり、入居後、2度迷ったことがある。迷った後の本人と相談し、事業所の名前・住所・電話番号の書かれたカードを外出時に持っていくようになった。カードを店員に見せて、商店から事業所に電話をかけてもらったこともある。

　入居時、「通帳と印鑑を長女が持っていって自分の財産を狙っている」と常に訴えていた。しかし、現在は、「なんとかして長女から取り返さないといけない」という勢いはない。預金通帳や印鑑を諦めたわけではないが、月1回の長女来訪時に確認すればよいと考えているようである。

　また、物忘れが多いと思っている。大事なことや次の受診日を紙に書きとめたりしていたが、紙をどこにやったかわからなくなることも多々あったり、衣類をどこに片付けたかわからなくなることもあった。

　長女に対しては感情を爆発させることもあるが、他の利用者や職員に対しては穏やかに接している。

| 項目3【理解・行動】の計画必要度 | 1 | 2 | ③ |

4. ベッド上・立ち上がり・移乗動作等【項目4】

《希望や悩み》

- ■本　　人　①希望　□あり（　　　　　　　　　　　　　　　　　　　）　□不明　☑なし
- 　　　　　　②悩み　□あり（　　　　　　　　　　　　　　　　　　　）　□不明　☑なし
- ■家族希望　　　　　□あり（　　　　　　　　　　　　　　　　　　　）　□不明　☑なし

《介護予防の取り組みへの意向》

- ■本　　人　希望　□あり（　　　　　　　　　　　　　　　　　　　）　□不明　□特になし
- ■事業所側の基本方針（　　　　　　　　　　　　　　　　　　　　　　　　　　　　　　　　）

《ベッドでの動作》

寝具等	□介護ベッド　☑一般ベッド　□布団 【付属品】①サイドレール　②移動バー　③立位保持バー 　　　　　④その他（　　　　　　　　　　　　　　　　　　　） 【ベッドの床からの高さ】（　　　）cm
寝返り	☑自立　□何かにつかまればできる　□できない　□不明
起き上がり	☑自立　□何かにつかまればできる　□できない
座位保持	☑自立　□何かにつかまればできる　□できない
立ち上がり	☑自立　□何かにつかまればできる　□できない
立位の保持	☑自立　□何かにつかまればできる　□できない

《その他立ち上がり・立位保持・移乗動作》

立ち上がり（椅子から）	☑自立　□何かにつかまればできる　□できない
立ち上がり（ソファー）	☑自立　□何かにつかまればできる　□できない
移乗動作 ベッドから車いす 車いすから椅子・ソファー	☑自立　□何かにつかまればできる　□できない 介助内容（　　　　　　　　　　　　　　　　　　　　　　） 介助頻度（　　　　　　　　　　　　　　　　　　　　　　）

《担当者の所見／生活の様子／特記事項》

立ち上がり・移乗動作等、すべて自立しており、不便な様子はない。

| 項目4【寝返り・起き上がり】の計画必要度 | ① | 2 | 3 |

5. 移動【項目5】

《希望や悩み》

- ■本　　人　①希望　□あり（　　　　　　　　　　　　　　　　　　　）　□不明　☑なし
- 　　　　　　②悩み　□あり（　　　　　　　　　　　　　　　　　　　）　□不明　☑なし
- ■家族希望　　　　　□あり（　　　　　　　　　　　　　　　　　　　）　□不明　☑なし

《介護予防の取り組みへの意向》

- ■本　　人　希望　□あり（　　　　　　　　　　　　　　　　　　　）　□不明　□特になし
- ■事業所側の基本方針（　　　　　　　　　　　　　　　　　　　　　　　　　　　　　　　　）

《移動動作》

移動(歩行)室内の場合	【昼間】☑自立　□一部介助（介助内容：　　　　　　　　　　　　　　　　）　□全介助 福祉用具　①なし　②杖（　　　）　③車いす（　　　　） 　　　　　　④歩行器（　　　）　⑤シルバーカー　⑥その他（　　　　） 介助の内容（　　　　　　　　　　　　　　　　　　　　　　　　　　　　） その他の情報（　　　　　　　　　　　　　　　　　　　　　　　　　　　） 【夜間】☑自立　□一部介助　□全介助 福祉用具　①なし　②杖（　　　）　③車いす（　　　　） 　　　　　　④歩行器（　　　）　⑤シルバーカー　⑥その他（　　　　） 介助の内容（　　　　　　　　　　　　　　　　　　　　　　　　　　　　） その他の情報（　　　　　　　　　　　　　　　　　　　　　　　　　　　）
移動(歩行)室外の場合	☑自立　□一部介助（介助内容：　　　　　　　　　　　　　　　　）　□全介助 福祉用具　①なし　②杖　③車いす　④歩行器 　　　　　　⑤シルバーカー　⑥その他（　　　　　　　　　　　　　　　）

《担当者の所見／生活の様子／特記事項》

すべて自立しており、不便な様子はない。			
項目5【移動】の計画必要度	①	2	3

6. 食事・調理【項目6】

《希望や悩み》

■本　　人	①希望　□あり（　　　　　　　　　　　　　　　　　）　□不明　☑なし
	②悩み　□あり（　　　　　　　　　　　　　　　　　）　□不明　☑なし
■家族希望	□あり（　　　　　　　　　　　　　　　　　　　　　）　□不明　☑なし

《介護予防の取り組みへの意向》

■本　　人　希望　□あり（　　　　　　　　　　　　　　　　　）　□不明　□特になし ■事業所側の基本方針（　　　　　　　　　　　　　　　　　　　　　　　　　　　　　）

《食事準備・摂取状況等》

調理	□自立　☑職員と一緒　□やらない（職員対応） 【頻度】①ほぼ毎食　②1日2回程度（　　）　③1日1回（昼または夕） 　　　　④その他（　　　　　　　　　　　　　　　　　　　　　　　　　　） 【注意点】（　　　　　　　　　　　　　　　　　　　　　　　　　　　　　）
配膳や後片付け	盛り付け　□自立　☑職員と一緒　□行わない（職員対応） 配　　膳　☑自立　□職員と一緒　□行わない（職員対応） 後片付け　☑自立　□職員と一緒　□行わない（職員対応）
火の取り扱い	□自立（IH・ガス・電気）　☑職員と一緒　□やらない
食事摂取	【動作】☑自立　□見守り　□一部介助　□全介助 食事中の様子（　　　　　　　　　　　　　　　　　　　　　　　　　　　　） 食事用具　①お箸　②スプーン　③その他（　　　　　）（　　　　　　　） 介助方法　（　　　　　　　　　　　　　　　　　　　　　　　　　　　　　） 介助頻度　（　　　　　　　　　　　　　　　　　　　　　　　　　　　　　）
食事場所（好む場所）	①食卓　②ソファー　③部屋内　④ベッド(布団)上 ⑤その他の食事場所（　　　　　　　　　　　　　　　　　　　　　　　　　）
食事体制	①1人で食べたい　②みんな大勢で　③その他（　　　　　　　　　　　　　）
食事回数(平均)	①3食　②2食　③1食　④その他（　　　食）
食事時間（希望）	（　8　）時頃／（12〜13）時頃／（18〜19）時頃／　その他（　　　　　） 所要時間：（　20　）分ぐらい
好きな食べ物	牛乳、かんきつ類

第5章　事例で学ぶグループホーム計画書のつくりかた

嫌いな食べ物 （禁食含む）	なし
菓子類嗜好等	チョコレート

《担当者の所見／生活の様子／特記事項》

・ボケ防止のために何かしたいと思っている（調理をすることは、ボケ防止によいと思っている）。
・食事は、仲の良い利用者と一緒に食べている。
・好き嫌いはなく、何でも食べる。

項目6【調理・食事】の計画必要度	①　2　3

7. 排泄【項目7】

《希望や悩み》

■本　　人	①希望	□あり（　　　　　　　　　　　　　）	□不明	☑なし
	②悩み	□あり（　　　　　　　　　　　　　）	□不明	☑なし
■家族希望		□あり（　　　　　　　　　　　　　）	□不明	☑なし

《介護予防の取り組みへの意向》

■本　　人　希望　□あり（　　　　　　　　　　　　　　　　　　　　　　）	□不明	□特になし
■事業所側の基本方針（　　　　　　　　　　　　　　　　　　　　　　　　　　　　）		

《失禁の状態》

失禁の有無	尿失禁　□あり（　　　　　　　）　☑なし
	便失禁　□あり（　　　　　　　）　☑なし

《排泄の状況等》

排　泄 （排尿）	昼間	【動作】☑自立　□一部介助　□全介助 【排泄場所】①トイレ　②Ｐトイレ　③尿器類　④オムツ類使用 　　　　　　オムツ等の種類（　　　　　　　　　　　　　　　　） 【介助方法】（　　　　　　　　　　　　　　　　　　　　　　） 【介助頻度】（　　　　　　　　　　　）尿意　①あり　②不明　③なし
	夜間	【動作】☑自立　□一部介助　□全介助 【排泄場所】①トイレ　②Ｐトイレ　③尿器類　④オムツ類使用 　　　　　　オムツ等の種類（　　　　　　　　　　　　　　　　） 【介助方法】（　　　　　　　　　　　　　　　　　　　　　　） 【介助頻度】（　　　　　　　　　　　）尿意　①あり　②不明　③なし
排　泄 （排便）	昼間	【動作】☑自立　□一部介助　□全介助 【排泄場所】①トイレ　②Ｐトイレ　③尿器類　④オムツ類使用 　　　　　　オムツ等の種類（　　　　　　　　　　　　　　　　） 【介助方法】（　　　　　　　　　　　　　　　　　　　　　　） 【介助頻度】（　　　　　　　　　　　）便意　①あり　②不明　③なし
	夜間	【動作】☑自立　□一部介助　□全介助 【排泄場所】①トイレ　②Ｐトイレ　③尿器類　④オムツ類使用 　　　　　　オムツ等の種類（　　　　　　　　　　　　　　　　） 【介助方法】（　　　　　　　　　　　　　　　　　　　　　　） 【介助頻度】（　　　　　　　　　　　）便意　①あり　②不明　③なし
その他 特記事項	

《担当者の所見／生活の様子／特記事項》

朝起きてすぐの他、日中は3〜4回、夜間は1〜2回、トイレに行く。困った様子はない。

項目7【排泄】の計画必要度	①　2　3

事例1

8. 入浴【項目8】

《希望や悩み》

■本　　人	①希望	☑あり（夕食後19〜21時くらいに入浴したい　　　　　　　　　）	□不明	□なし
	②悩み	□あり（　　　　　　　　　　　　　　　　　　　　　　　　　）	□不明	☑なし
■家族希望		□あり（　　　　　　　　　　　　　　　　　　　　　　　　　）	□不明	☑なし

《介護予防の取り組みへの意向》

■本　人　希望　□あり（　　　　　　　　　　　　　　　　　　　　　　　　　　　　）	□不明	□特になし
■事業所側の基本方針（　　　　　　　　　　　　　　　　　　　　　　　　　　　　　　　　　　　）		

《入浴》

入浴頻度等	①⃝好き　②不明　③あまり好きではない　④嫌い 【入浴頻度】①毎日　②⃝週（3〜5）回程　③その他（　　　　） 【設定温度】（40〜41）度
入浴特記 嫌いな理由等	
入浴場所	①⃝ユニット内浴室　②その他（　　　　　　　　　　）
お湯の準備等	☑自立　☑職員と一緒　☑職員
浴槽の出入り	☑自立　□見守り　□一部介助　□全介助 介助方法（　　　　　　　　　　　　　　　　　　　　　　　　　　　　　　　　　　　）
入浴の形態	①⃝浴槽につかる　②シャワーが多い ③その他（　　　　　　　　　　　　　　　　　　　　　　　　　　　　　　　　　　　）
入浴補助具	①シャワーチェア　②簡易手すり　③その他（　　　　　　　　　　　　　　　　　）
洗身	☑自立　□見守り　□一部介助　□全介助　□その他（　　　　　　　） 介助方法（　　　　　　　　　　　　　　　　　　　　　　　　　　　　　　　　　　　）
洗髪	☑自立　□見守り　□一部介助　□全介助　□その他（　　　　　　　） 介助方法（　　　　　　　　　　　　　　　　　　　　　　　　　　　　　　　　　　　）

《担当者の所見／生活の様子／特記事項》

・夕食後に入浴したい。40度位の湯を張って、後は自分で調節する。湯が張ってあればそのまま入る。張ってなければ自分でする。どちらでも構わないとのこと。
・夏場は毎日入りたいが、冬場は2日に1回でもよい。入るか入らないかはその日に自分で決めている。

項目8【入浴】の計画必要度	①⃝	2	3

9. 着替え・洗面等【項目9】

《希望や悩み》

■本　　人	①希望	□あり（　　　　　　　　　　　　　　　　　　　　　　　　　）	□不明	☑なし
	②悩み	☑あり（太ったため合う服がない。　　　　　　　　　　　　　）	□不明	□なし
■家族希望		□あり（　　　　　　　　　　　　　　　　　　　　　　　　　）	□不明	☑なし

《介護予防の取り組みへの意向》

■本　人　希望　□あり（　　　　　　　　　　　　　　　　　　　　　　　　　　　　）	□不明	□特になし
■事業所側の基本方針（　　　　　　　　　　　　　　　　　　　　　　　　　　　　　　　　　　　）		

《衣類の着脱》

衣類の選択	☑自分で選んで取り出す　□自分で取り出すが上下そろわないなどアンバランス □しない　□その他（　　　　　　　　　　　　　　　　　　　　　　　　　　　）
好みの服装	☑あり（ブラウスにパンツスタイルが好き　　　　　　　　　　　　　　）□特になし
着脱の行為	☑自立　□見守り（声かけ等）　□一部介助　□全介助 介助方法（　　　　　　　　　　　　　　　　　　　　　　　　　　　　　　　　　　　）

《歯磨き等》

歯磨き	☑自立　□声かけ　□一部介助　□全介助　□その他（　　　　　　　　　　　　） 【義歯】①あり（　　　　　　　　　　　　　　　　　　　　　　　　　　）②なし 【介助方法】（　　　　　　　　　　　　　　　　　　　　　　　　　　　　）				
整髪	☑自立　□声かけ　□一部介助　□全介助　□その他（　　　　　　　　　　　　） 介助方法（　　　　　　　　　　　　　　　　　　　　　　　　　　　　　　）				
爪きり	☑自立　□声かけ　□一部介助　□全介助　□その他（　　　　　　　　　　　　） 介助方法（　　　　　　　　　　　　　　　　　　　　　　　　　　　　　　）				
洗顔	☑自立　□声かけ　□一部介助　□全介助　□その他（　　　　　　　　　　　　） 介助方法（　　　　　　　　　　　　　　　　　　　　　　　　　　　　　　）				

《担当者の所見／生活の様子／特記事項》

衣類は自分で選ぶ。しかし、太ったため、今まで着ていた服が合わなくなってきた。もったいないからと手持ちの服を直して着ている。

項目9【衣類の着脱】の計画必要度	①	2	3

10. 家事・IADL【項目10】

《希望や悩み》

- ■本　　人　①希望　☑あり（ゴミ出しや掃除・洗濯など、できることは自分でしたい　　）□不明　□なし
- 　　　　　　②悩み　☑あり（ゴミ出しの日がわからなくなることがある　　　　　　　　）□不明　□なし
- ■家族希望　　　　　☑あり（できることは自分でしてほしい　　　　　　　　　　　　　）□不明　□なし

《介護予防の取り組みへの意向》

- ■本　　人　希望　□あり（　　　　　　　　　　　　　　　　　　　　　　　　　　　）□不明　□特になし
- ■事業所側の基本方針（　　　　　　　　　　　　　　　　　　　　　　　　　　　　　　　　）

《部屋の環境等》

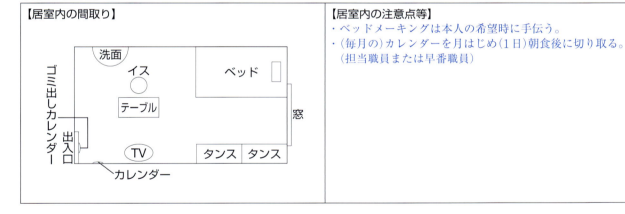

【居室内の注意点等】
・ベッドメーキングは本人の希望時に手伝う。
・（毎月の）カレンダーを月はじめ（1日）朝食後に切り取る。
　（担当職員または早番職員）

《家事動作等》

家事項目	介助動作の範囲等
掃除	☑自立　□職員と一緒　□職員　□家族等　□その他（　　　　　） ①範囲（居室内・居室前　　）②頻度（1週間に2〜3回　　　　） ③用具（ほうき・雑巾　　　）④備考（　　　　　　　　　　　）
洗濯 （干す・たたむ）	☑自立　□職員と一緒　□職員　□家族等　□その他（　　　　　） ①範囲（自分が着た物　　　）②頻度（何枚か溜まったら　　　） ③用具（全自動洗濯機・手洗い）④備考（　　　　　　　　　　）
火の取り扱い （調理以外）	□自立　□職員と一緒　□職員　□家族等（　　　　　　　　　　） ①範囲（　　　　　　　　　）②頻度（　　　　　　　　　　　） ③用具（　　　　　　　　　）④備考（　　　　　　　　　　　）
部屋の戸締り	☑自立　□職員と一緒　□職員　□その他（　　　　　　　　　　） 時間（朝：出かける時）（夜：寝る前　　）（その他：　　　　　）

電話をかける・話す	☐自立　　☐職員付き添い　☑使わない
冷暖房管理	☑自立　　☐職員　　☐その他（　　　　　） 好む室温（ 27 ）度
来客の対応	☑する　　☐しない

※買い物・入浴準備等の家事動作については入浴等の項目に記載

《担当者の所見／生活の様子／特記事項》

- 「何もしないとボケるから、自分でできることはやりたい」と思っている。新しい何かを始めるより、今までやっていた掃除や洗濯をしたいと思っている。
- 掃除は、居室内をほうきで掃き、雑巾がけをしている。ほうきは週に1回程度。雑巾がけは、週に2～3回程度している。「雑巾がけは運動になるからいい」と言う。掃除道具は道具入れにあるものを使うが、雑巾だけは居室の洗面で洗い、室内に干している。また、布団は毎朝、ベッド上にたたんでいる。
- 洗濯物は、室内のカゴに入れている。何枚か溜まったら、天気の良い日の午前中に洗濯する。洗濯室に洗濯物を持っていき、下着は5～6枚まとめて手で洗っている。シャツやスカートは、全自動で洗う。洗い終えると、ベランダに干す。
- 居室の戸締りは、畑に行く時、外出時、就寝前にしている。
- ゴミは、居室内に市指定のゴミ袋を置いて、分別して捨てている。いつ出したらよいのかわからず、何週間も前のゴミ袋が出てきたことがあった。「自宅にいた頃は、カレンダーを見て出していた」と言う。ゴミステーションは畑の近くにあるのでわかるとのこと。

項目10【家事】の計画必要度	1	2	③

11. 生活の質【項目11】

《希望や悩み》

■本　人	①希望	☑あり（散歩や買い物、畑仕事は運動になり、健康によいので続けたい。）	☐不明	☐なし
	②悩み	☐あり（　　　　　　　　　　　　　　　　　　　　　　　　　　　）	☐不明	☑なし
■家族希望		☑あり（なるべく体を動かして健康でいてほしい。　　　　　）	☐不明	☐なし

《介護予防の取り組みへの意向》

■本　　人　希望　☐あり（　　　　　　　　　　　　　　　　　　　　　　　　　　　　　　　　）☐不明　☑特になし
■事業所側の基本方針（　　）

《生活の自立度》

生活範囲	☐公共機関利用で外出　　①独りで　　②付き添い（　　　　　　　　） ☑事業所周辺　　①独りで　　②付き添い（　　　　　　　　　） ☑室内中心の生活　　☐部屋内の生活中心　　☐ベッド上の生活中心

※「事業所周辺」の①独りでに丸

《生活の行動範囲やこだわり》

買い物先 (スーパー・ デパート等)	【頻度】☐毎日　☐（　）曜日　☑週3～5回（　　　） ☐月　回（　）　☐その他（　　　） 【店名・場所】（Mスーパー　）（Jホームセンター　） （H薬局　）（　　　） （　　　）（　　　） 【自立度】☑独りで　☐付き添い（　　　） 【手段】☑徒歩　☐車送迎　☐電車　☐バス　☐その他（　　　）
飲食・外食	【頻度】☐毎日　☐（　）曜日　☐週　回（　　　） ☐月　回（　）　☑その他（ほとんどしない　　　） 【店名】（　　　）（　　　） （　　　）（　　　） 【自立度】☐独りで　☐付き添い（　　　） 【手段】☐徒歩　☐車送迎　☐電車　☐バス　☐その他（　　　）
ドライブ 散　歩 (その他の 外出先)	【頻度】☑ほぼ毎日　☐週（　）回ぐらい　☐月　回ぐらい ☐その他（　　　） 【行き先】（施設周辺を1周　）（　　　） （　　　）（　　　） 【自立度】☑独りで　☐付き添い（　　　） 【手段】☑徒歩　☐車送迎　☐電車　☐バス　☐その他（　　　）

美容理容	【頻度】 □月1回 ☑その他（2カ月に1回程度　　）
	【店名】（F美容室　　　　　　　　　）
	【自立度】 □独りで ☑付き添い（　　　　　　　　　　　　）
	【手段】 ☑徒歩 □車送迎 □車いす □その他（　　　　　　）
信仰（宗教）	☑なし
	□あり ①団体名（　　　　　　　） ②活動（　　　　　　　）
お墓参り	【頻度】 □毎日 □（　）曜日 □週　回（　　　　　　　）
	□月　回（　　　　） ☑その他（彼岸・盆　　　　）
	【場所】（K市　　　　　　　　　　　　　　　　　　　　　　）
	【自立度】 □独りで ☑付き添い（姪・妹　　　　　　　　　）
	【手段】 □徒歩 ☑車送迎 □電車 □バス □その他（　　）
今後行きたい場所等	【場所・店名】（　　　　　　　）（　　　　　　　　　　　）
	（　　　　　　　）（　　　　　　　　　　　）

《趣味・日課》

タバコ	□吸う ①銘柄（　　　　　） ②本数（　　）本ぐらい／1日
	③喫煙場所（　　　　　　） ④時間帯（　　　　　）
	☑吸わない
お酒	□飲む ①銘柄・種類（　　　　　　） ②量・頻度（　　　　）
	③飲酒の場所（　　　　　　） ④時間帯（　　　　　）
	☑飲まない
テレビラジオ	【テレビ】☑よく見る □あまり見ない □ほとんど見ない
	好きな番組（相撲　　　　）（時代劇　　　　）（　　　　　　）
	【ラジオ】☑聴かない □時々聴く □よく聴く番組（　　　）（　　　）
趣味	□あり（　　　　　　　　　　）（　　　　　　　　　　　　）
	（　　　　　　　　　　）☑なし
日課	☑あり（新聞を読む　　　　　）（畑仕事　　　　　　　　　　）
	（　　　　　　　　　　）□なし
趣味・日課の特記	新聞は毎日読む。入居前は地元の新聞を購読していたが、入居後は、地元紙の他に施設で取っている新聞（A紙・Y紙）もその日の気分に合わせて読んでいる。

《1日の生活の様子／週間・月間予定》

日課・1日の様子	週間・月間等の様子
起床（6°半頃）　　　　　　　　　6—	—6
朝食（8°頃）	ゴミ収集日にゴミを出す
新聞を読む・散歩	火曜・金曜　燃えるゴミ
畑仕事・掃除・洗濯	月曜　　　　プラスチックゴミ
昼食（12～13°頃）　　　　　　　12—	—12　第1水曜　ペットボトル
TVを見たり、買い物に行ったり	第2水曜　金属ゴミ
	第3水曜　ビン・缶ゴミ
畑仕事	第4水曜　新聞紙・ダンボール
18—	—18　※AM8時迄に出す。
夕食（18～19°頃）	
TVを見る	
入浴（19～21°頃）	美容室に2カ月1度行く（F美容室）
就寝（22°頃）　　　　　　　　　24—	—24

《その他日常生活の情報》

《担当者の所見／生活の様子／特記事項》

　事業所内にある庭の一部を畑として利用し野菜を作っている。畑を耕すことから始め、今では、春菊・葱・人参・ほうれん草等を作っている。種や苗、肥料は徒歩10分のJホームセンターに買いに行く。入居前に畑で野菜を作っていたので、旬の野菜や肥料のやり方、野菜の育て方はわかっている。

　畑仕事を始めたきっかけは、太ったため何か運動をしたいということだった。運動のためと、水やりは畑から離れた水道までバケツやジョウロで水を汲みに行っている。畑に行くと、1～2時間畑仕事をしている。

　夏場も、水分を摂らずに仕事をするため、お茶や水を持っていくように声をかけたり、畑にお茶やコーヒーを持っていくことが必要である。

　散歩も雨の日以外、ほぼ毎日する。買い物に行く時は、買い物がてら散歩する。買い物に行かない時は、事業所を出て、裏道を歩き、15～20分程度歩く。途中、個人商店があり、そこでみかんや八朔・グレープフルーツなどの果物を買うこともある。道に迷ったことがあり、以来、施設の名前・住所・電話番号の書かれたカードを外出時に持っていくようになった。交差点や分かれ道では、知っている道かどうか確認しながら歩いているとのことである。1時間以上、戻って来ない時は、道に迷っている可能性が高い。以前は、Q駅やQ駅商店街、I市方面に向かう国道で迷っていた。

　買い物は、徒歩5分のMスーパーに行くことが多い。牛乳・ヨーグルト・果物（みかん、グレープフルーツなどかんきつ類）・チョコレートを買うことが多い。居室内に小型冷蔵庫があり、買ってきた物は冷蔵庫に入れ、「夜間、小腹がすいた時に食べる」とのこと。

| 項目11【生活の質】の計画必要度 | 1 | 2 | ③ |

12. その他生活の様子等（特記事項）【項目12】

《希望や悩み》

■本　　　人	①希望	□あり（	）	□不明	□なし
	②悩み	□あり（	）	□不明	□なし
■家族希望		□あり（	）	□不明	□なし

《介護予防の取り組みへの意向》

| ■本　　人　希望 | □あり（ | ） | □不明 | □特になし |
| ■事業所側の基本方針（ | | | | ） |

《その他の生活の様子》

| |

《担当者の所見／生活の様子／特記事項》

| |

| 項目12【その他】の計画必要度 | 1 | 2 | 3 |

□ 入居後まとめ（現在の生活の様子まとめ）

　預金通帳に関しては、思い出したように「通帳がない。長女が持っていった」と訴えることがあるが、月1回の長女の訪問時に聞けばいいと安心しているようである。

　衣類をどこに片付けたかわからなくなったり、受診日を紙に書き留めても、紙をなくしたりすることが徐々に増えてきた。本人も「ボケた。ボケた。ああ、これ以上、ボケたくない」と言うようになった。「何もしないとボケてしまうから、ボケないように、何かしたいと思うが、今さら、新しいことはやりたくない」とも言っている。

　健康に関しては、頭がフラっとすると「父親のように脳卒中になるのではないか」と不安になったり、耳鳴りやアレルギー症状が出ると、「悪い病気ではないか」と心配になる。主治医のすすめで、年に1回、検査を受けている。現状、検査結果に大きな変化はない。本人のペースで生活リズムがあり、洗濯・居室の掃除等は自分で行っている。また、畑仕事も自分が思うようにしている。

アセスメント要約表

記載方法：中央の1〜3欄に○印を入れる。（入居後情報から書き写し）
　　　　　1…計画を立てない。2…今後計画を検討する。3…計画を立てる。
右の余白には、入居後情報を要約して記入する。

	項目		計画必要度			要約欄
項目 1	健康状態等	1	2	③		高血圧に対して「父のように倒れるのではないか」と強い不安を持っている。アレルギー・耳鳴りは、悪い病気ではないかと不安になることもある。
項目 2	視覚・聴覚およびコミュニケーション	①	2	3		両耳とも難聴だが、大きな声であれば聞こえる。また、近くを見るときは老眼鏡を使うが、生活に支障はない。
項目 3	理解・行動	1	2	③		時折、「通帳を長女が持っていった」と言うことはあるが、月1回の長女訪問時に、通帳を確認することで落ち着いている。
項目 4	ベッド上・立ち上がり・移乗動作等	①	2	3		自立。困っている様子はない。
項目 5	移動	①	2	3		自立。困っている様子はない。
項目 6	食事・調理	①	2	3		ボケ防止のために何かしたいと思っている。調理は、ボケ防止によいと思っている。しかし、他の利用者への遠慮もあり、自分ひとりで作るとは言わない。「職員と一緒なら作ってもいい」と思っている。
項目 7	排泄	①	2	3		自立。困っている様子はない。
項目 8	入浴	①	2	3		夕食後に入浴したい。準備は自分ですることもある。「夏場は毎日入りたいが、冬場は2日に1回でもよい。入るか入らないかはその日に自分で決めている」とのこと。
項目 9	着替え・洗面等	①	2	3		衣類は自分で選ぶ。
項目 10	家事・IADL	1	2	③		「何もしないとボケるから、自分でできることはやりたい」と思っている。掃除・布団をたたむ・洗濯・居室の戸締りは、自分でする。ゴミをいつ出したらよいのかわからず、ゴミを出せないこともあった。
項目 11	生活の質	1	2	③		畑仕事・新聞を読む・散歩・買い物は自分のペースでしている。外出時は、施設の名前・住所・電話番号の書かれたカードを持っていく。
項目 12	生活の様子（特記その他）	1	2	3		

☑認知症対応型共同生活介護計画（1）
□介護予防認知症対応型共同生活介護計画（1）

初 回 ・ 継 続 ・ (再検討)　　　　　　　　　　　作成日　平成○○年 5 月 14 日

入居者名　：　　A・A　　様　　生年月日：M・(T)・S ○○年 12 月 6 日　　年齢：○○歳

入居者／家族説明相手　：　A・A　　印　　説明日：平成○○年 5 月 14 日（説明者：　B・B　）

計画作成担当者　：　B・B　　印　　担当介護職員　：　C・C　　印

要介護度区分　：　要支援2・要介護 (1)・2・3・4・5

認定期間　：　平成○○年 12 月 1 日　〜　平成○○年 11 月 30 日

本人の生活全体の意向	・今の健康状態を維持したい（父親のように脳卒中になりたくない）。 ・自分の思う通りに生活したい。自分でできることは、自分でやって、ボケないようにしたい。
本人の介護サービスに対する意向	・今の健康状態が維持できるようにしてほしい。 ・自分の思う通りの生活ができるようにしてほしい。自分でできることは、自分でやれるようにしてほしい。
家族の意向	・ストレスなく穏やかに思うように暮らしてほしい。自分勝手な行動で迷惑をかけないでほしい。
事業所の総合的介護サービスの方針	・今の健康状態が維持できるように支援する。 ・ご本人の思う通りに生活できるように支援をする。ご本人ができることは、ご本人でできるように環境を整える。

事業所名：　　グループホームT

介護計画書の交付を受けました。平成○○年 5 月 14 日　氏名：　A・A　印

☑認知症対応型共同生活介護計画（2）
□介護予防認知症対応型共同生活介護計画（2）

入居者名：　A・A　様　　部屋：1階ユニット3号室

ニーズや生活の現状	目標	サービスの内容等				
		サービスの項目	具体的な内容	担当者	頻度	期間
（項目：1） ＜本人＞ ・今の健康を維持したい。 ・血圧が上がりフラッとすると脳卒中で亡くなった父親のようになるのではと不安。	（長期目標） ・今の健康状態を維持したい。 （短期目標） ・血圧の安定を図る。		**1　毎日の健康チェック** ①朝食前に血圧測定の声かけをする。 ②食堂（食卓）にて血圧を測る。 ③測定値を「記録表」に記載する。 ④血圧計（電子）をリビングのソファテーブルに常備。 ⑤その他、気分不快時に測定する。 **2　血圧上昇時や気分不快時等の対応** 《血圧上昇時の対応》 ①ベッドに横になり衣類を緩め安静にする。 　（ギャッジアップにて姿勢確保） ②水分摂取をすすめる。（必要時介助）	①〜③早番職員 ④職員 ⑤本人／職員	朝食前 およびその他	3カ月 5/14 〜 8/13

		健康状態等の支援	③190以上／100以上を服薬目安とする。 ④③の場合頓服服用をすすめる。③以下の場合は安静にして様子を見る。 ⑤服薬後（1時間程）に測定する。 《血圧降下しすぎ等の場合》 ①下がり過ぎや下がらない場合は主治医に連絡。 ②下降の目安……上が100を下る。	職員	血圧上昇時	
			3　定期受診等 《毎週の通院》 ①通院の仕度は本人が行う。 ②通院先までの送迎は車にて職員が同行する。 ③通院先は内科「W医院」、耳鼻咽喉科は「Y耳鼻咽喉科医院」 ④（内科の場合）主治医に「血圧記録表」を渡す。 ⑤普段の様子を伝える。主は本人。職員補助。 ⑥診断等を聞く。 ⑦診断結果を家族に伝え、記録する。 ⑧次回通院日は主治医と相談し決める。 《定期健康診断》 ①半年に1度をめどに健康診断を受ける。 ②検査機関は主治医と相談し決める。 ③その他は「毎週の通院」と同じ。	①本人 ②④職員 ⑤本人 ⑥本人／職員 ⑦職員 ⑧主治医 本人と主治医・職員	通院日 次回は9月の予定	
			4　耳鳴り訴え時 ①不安時には「耳の老化で病気ではない」ことを伝える。 ②夜間や就寝時の場合は、安定剤を服用。（本人確認のうえ） ③受診については3の定期受診等と同じ。	職員	訴え時	
			5　喉のイガイガ訴え時 ①不安時には「アレルギーによるもので悪い出来物があるわけではない」ことを伝える。 ②イガイガ時はトローチを服用（処方薬との併用可）。 ③受診については3の定期受診等と同じ。	職員	訴え時	
（項目：1と11） ＜本人＞ ・散歩・買い物や畑仕事は運動になり健康によいので続けたい。 ・主治医からも適度な運動をするようアドバイス受けている。	（長期目標） 趣味の日課を続けることで健康維持する。 （短期目標） 趣味や日課を本人のペースで続ける。	生活の質への支援	1　散歩・買い物 ①出かける日・時間は本人が決める。 ②出かける際は、住所カードを身に付ける。職員は出かける訴え時等に確認する。 ③付き添いはしない。 ④主な行き先……Ｍスーパー／Ｊホームセンター／Ｍ薬局 ⑤1時間以上経過しても帰宅しない場合は探しにいく。	①本人 ②本人・職員 ⑤職員	本人の希望時（外出時）	3カ月 5/14 〜 8/13
			2　畑仕事 ①くわ・スコップ・バケツ・肥料を畑横の収納庫に準備しておく。 ②植える苗や野菜・花を選ぶ。 ③②の購入は本人が買いに行く。 ④畑に植える・育てる。 ⑤ペットボトルに水分を準備する。 ⑥本人に持参するよう声をかける。 ⑦開始30分ほどおきに水分確認をする。	①、⑤〜⑦日勤の職員 ②〜④本人	本人の希望時	
（項目：3）			《預金通帳の管理》			

<本人> ・通帳を返してほしい。 ・お金を取られないか心配な気持ちがある。	（長期目標）通帳の不安なく暮らす。 （短期目標）金銭の不備がないことを証明する（システムを確立）。	理解・行動への支援	①通帳管理は長女Bとする。 ②お金の引きおろし・通帳の記帳を毎月月末に行い、本人まで持参する。 ③金銭の引渡し・通帳確認・職員の預かり金（現金と台帳）の確認を3者で行う（本人・長女B・担当職員）。 ④（長女Bからの渡された）現金は本人が管理する（部屋内の金庫）。 ⑤現金の管理を依頼された場合は、預かり金台帳に記載し、職員金庫に保管。 ⑥上記の様子をケース記録に記録する。	①長女 ②長女 ③本人・長女・職員 ④本人 ⑤職員 ⑥職員	毎月月末および希望時	3カ月 5/14 ～ 8/13
（項目：10） <本人> ・ゴミ出しや掃除洗濯は自分でしたい。 ・ゴミ出しの日がわからない時がある。	（長期目標）今の暮らしを来年も続けたい。 （短期目標）自宅からの生活リズムを保つ。	家事・IADLへの支援	《ゴミ出し》 ①部屋内の内扉に「ゴミ出し日カレンダー」を貼る（作成は担当職員）。 ②ゴミ出し日の確認をしゴミを出す。ゴミステーションまで。 ③②の行動が見られないときは声をかけて確認する（必要時補助や代行）。 《洗濯》 ①本人が行う（洗う・干す・たたむ）。 ②全自動洗濯機に使用説明を明記する。 ③洗剤購入は買い物時に行う。 ④本人の希望により、見守り等を行う。 《掃除》 ①掃除用具の整理・管理は職員が行う。 ②掃除は本人が行う。 ③本人の希望によりベッドメーク、ベッド下の掃除等は一緒に行う。	①③職員 ②本人 ①③本人 ②④職員 ①③職員 ②③本人	ゴミの日 晴れた日他 本人希望時	3カ月 5/14 ～ 8/13

> **ミニコラム⑫～誤解されている「共同生活」の意味～**
>
> グループホームでは、「共同生活をする」「職員は利用者と一緒に（家事等を）行う」ことが特徴です。しかし、こうした点について誤解や極端な解釈がされている現状は見逃せません。
>
> 例えば、「買い物に行く」。買い物が好きな利用者がいれば、1人でゆっくり行きたい利用者もいますし、あるいは、面倒くさいと感じる利用者もいるでしょう。……何を言いたいのかというと、職員は利用者の自立し支援等に向けて（利用者に対して）何らかの働きかけは必要ですが、強制してはいけないということです。
>
> グループホームや職員の中には、「ユニット内の利用者は共同生活であるのだから、皆で揃って買い物に行くもの」と考え違いしている人がいます。実際、買い物中に1人で先にグループホームに戻って来た利用者が、その後、事業者側から「共同生活が営めない」を理由に退去を迫られ、結局退居させられてしまったというケースがあるそうです。「本当なの？」というぐらいの話ですが、事実です。
>
> それほど、グループホームにおいても「共同生活」の理解が乏しいのです。なんとも、悲しい誤解ですよね……。

事例2　水頭症等（全介助）によりアセスメントが困難な利用者の介護計画

利用者氏名：　Bさん（女性）
生年月日：　S.○○年5月10日（○○歳）
出身地：　A県
要介護度区分：　要介護4
既往・現病歴：　正常圧水頭症、貧血、アルツハイマー病（認知症）

家族構成等：

　4人姉妹の次女。姉は亡くなっており、妹2人は他県にて生活（家庭を持っている）している。現在の夫と結婚後H県に引っ越す。子供は1人（長男）いる。グループホームに入居するまでは長男夫婦（子供2人。7歳と3歳）と夫と共に暮らしていた。

　夫はサラリーマン、Bさんは自宅にて書道教室を開き子供たちに教えていた。長男夫婦も含め仲の良い夫婦・家族であった。

キーパーソン：夫

　2～3日に1回、様子うかがいの電話がある。月2回来所、月1回病院の付き添い。

入居に至る経緯：

　5年ほど前から物忘れが始まる。初発症状として、外出先から1人で帰って来ることができない、1人で着替えができない、トイレの場所がわからない、言葉数が急激に減少するなどが現れたが、夫は"年のせい？"と考えていた。次第にできないことが増え、家事も手につかない状態になり、R総合病院の物忘れ外来を受診（アルツハイマー病と診断）。その際、要介護認定を受け「要介護3」となる。

　その後、自宅にて夫（定年退職していた）が中心となり半年間懸命に介護するが、夫の体調が悪化する。長男は仕事、長男の妻は育児等で十分な介護ができなくなり、介護支援専門員に相談。この間、介護サービスは一切使わず家族介護をしていた。

　夫の希望もあり、穏やかな妻が安心して暮らせる施設を探し、H.○○年5月20日グループホームTに入居となる。

入居前・入居当初のADL等：

《会話》時折、「おいしい」「うん」「行こうか」「あの子誰？」等と言うが、単語が中心で言葉数は少ない。文章での会話や筆談も困難。その時々の本人の言動や表情からうかがっている状況。アセスメントは困難であった。その場で返答は得られない状況であったため、夫の同席の下、サービス内容等入居にあたっての話をすすめた。

《歩行》座っている状態が中心。歩く際は、小刻みな足どりだが1人で可能。

《食事》お箸、または手づかみでほぼ自立。好き嫌いなし。

《排泄》紙オムツ使用。失禁あり。全介助。トイレに1人で行くことはなかった。

《更衣》お洒落好き。手を伸ばす・大きなボタンをとめるなどは可能。

《入浴》家では入浴が困難なため、夫が身体を拭いていた。入居当初は大浴場を利用し介助にて入浴可能。

《趣味等》テレビ観賞、洋裁

入居後の様子：

　入居後1カ月の頃、定期受診の際、正常圧水頭症と診断。入居前から疑いはあったもののはっきりとした診断は出ていなかった。手術を行うことになり1カ月入院(H.○○年7月1～31日)となる。手術は成功するが、退院時歩けない状態であった。

　認定の更新があり「要介護4」となる。

　《会話》会話にまではならないが発語の数や表情（笑顔）が出てきた。

　《歩行》（入院中寝ていた状態が続いていたため）1人での歩行が困難。
　　　　　介助で短距離なら可能。

　《食事》入院前と変わらず。

　《排泄》入院前と変わらず。

　《更衣》入院前と変わらず。

　《入浴》入院前と変わらず。

サービス担当者会議での確認事項（H.○○年7月30日開催）

　○Bさんの代弁者を夫とする。

　○入居前の生活の様子とリズムを夫に確認し、サービス内容等を決める。

　○Bさんの意思を確認しながら行う。Bさんに対して無理な介助は絶対にしない。

　○《食事》《排泄》《入浴》《更衣》……については、入居前同様のサービスを継続する。

　○《歩行》については、Bさんが立ち上がる動作が見られた時、入浴の時、ベッドからの離床の際、食卓から立ち上がる時、トイレに行く時、その他状況により歩行介助を行う。車いすを利用できるようにリビングに置く。

　○水頭症手術後の状態に注意する。

第5章　事例で学ぶグループホーム計画書のつくりかた

☑認知症対応型共同生活介護計画（1）
□介護予防認知症対応型共同生活介護計画（1）

初　回　・　継　続　・　(再検討)　　　　　　　　　作成日　平成○○年 7 月 31 日

入居者名：　　B　　様　　生年月日：M・T・(S)○○年 5 月 10 日　　年齢：○○ 歳

入居者／家族説明相手：　BとBさん夫　印　　説明日：平成○○年 7 月 31 日　（説明者：　YとT　）

計画作成担当者：　　Y　　印　　　　担当介護職員：　　T　　印

要介護度区分：要支援2・要介護1・2・3・(4)・5　　認定期間：平成○○年 5 月 1 日～平成○○年 4 月 30 日

本人の生活全体の意向	利用者より生活全体の意向は聞き取れず不明だが、それぞれの場面で「おいしい」「行こうか」等の意思表示ある。 （代弁者より）本人のペースで穏やかに暮らして欲しい。
本人の介護サービスに対する意向	（代弁者より）本人が自分のペースで穏やかに暮らせるように手伝って欲しい。
家族の意向	本人が自分のペースで穏やかに暮らせるようにして欲しい。
事業所の総合的介護サービスの方針	①本人が"自分のペースで穏やかに暮らせる"ように支援していく。 ②本人のその場の意思を大切にしてサービスを行っていく。

事業所名：　グループホームT

介護計画書の交付を受けました。平成○○年 7 月 31 日　氏名：　　B　　印

事例2

☑認知症対応型共同生活介護計画（2）
□介護予防認知症対応型共同生活介護計画（2）

入居者名：　　B　　様　　部屋：1階ユニット4号室

ニーズや生活の現状	目標	サービスの内容等				
		サービスの項目	具体的な内容	担当者	頻度	期間
（項目：1と4と5） <本人> 健康状態等の意向は不明。 <家族> 元気でいてほしい。 <職員> 水頭症の手術をした。健康状態の変化に注意が必要である。	（長期目標） 自分のペースで穏やかに暮らす。 （短期目標） 退院後の健康状態（歩行状態・発語状態等）が維持できるように毎日、状態の変化に気をつけて暮らす。	健康状態等の支援	～日常の健康配慮～ ①毎朝、血圧・脈・体温を測る。 ②落ち着いている状態の目安 　血圧：60～80／110～130、 　脈：60～80 　体温：35.5～36.5℃ ③②を超える状態であれば、ベッドで一時間程安静にする。（再度測る） ④次の状態を観察し記録する。※通院時持参。 (1)①の測定した血圧など。 (2)歩行の状態（足が出ない・立っていられない） (3)排泄の状態（排便の量・状態） (4)手足の動き (5)身体のむくみ (6)記録は、午前中の様子をA勤者、夕方5時までB勤者、朝7時まで夜勤者が中心となり状態を観察し記録する。 ⑤③状態が改善されない場合や④の状態に変化が見られると判断した場合 (1)主治医へ連絡・相談 (2)家族（夫）へ連絡・相談 (3)主治医・夫に連絡つかない時は救急対応する。 ⑤薬の服用の介助および確認をする。	夜勤者 夜勤者またはA勤者 職員 左記通り 職員	朝7時 その都度 毎日 毎日 変化時 救急時	7月31日 ～ 10月30日

(項目：　)			～通院の支援～ ①通院先は○○病院とする。 ②通院日は原則、月1回(第3金曜)とする。 ③通院の際は、自宅に夫を迎えに行く。（職員） ④夫・本人・同行職員で車にて通院する。 ⑤毎日の状態記録を主治医に見せ、口頭でも伝える。 ⑥診察は、埋め込みの数値を測定等行う。 ⑦半年に一度精密検査を行う。 ⑧通院・診察時の記録をする。	○○病院 主治医 職員 夫・本人 職員 主治医 主治医 職員	第3金曜	7月31日 ～ 10月30日 ⑦は12月予定
(項目：4/5) ＜本人＞ 立ち上がり等の意向は不明。 ＜職員＞ 立ち上がり及び歩行が自力では困難となり介助が必要。 歩く意思はある。	(長期目標) 歩行できる健康状態を維持する。 (短期目標) (本人の)歩く意思に沿って転倒しないように歩く。	立ち上がりおよび移動の支援	～起き上がりの場面～ ①ベッドから離床の際は全介助する。 ～立ち上がりの場面～ ①立ち上がる際は、必ず靴を履く。（要介助） ②ベッドからの立位 (1)右手で移動バーをつかみ、職員は（利用者の）左側につく。 (2)職員の右手は利用者の左脇下へ軽く入れる。 (3)職員の左手は利用者の左手を持つ。 (4)立ち上がる際は、必ず本人の意思を確認する。 ③食卓のいすから立位 (1)座面回転いす（足の車輪なし）を使う。 (2)座位中は、いすの下に「支え棒」を立て固定する。 (3)立つ際は、「支え棒」を一度外し、90度回転させてから再度「棒」を立て固定させる。 (4)立つ際は、利用者の右手はテーブルの角を職員は左側につく。（あとはベッド同様） (5)座る際も。「支え棒」を立て固定してから座る。 (6)安心して立つ・座ることができるため必ず行う。	すべて職員	離床時 たつ時 ベッドからたつ時 食卓からたつ時	7月31日 ～ 10月30日
(項目：　)	(長期目標) (短期目標)		～移動の支援～ ①「歩く」ことを主とする。 ②歩行時、手すりがある場所では、右手に手すりを持ち、左側に職員はつく。 ③手すりのない場所では…… (1)本人の正面に向き合うように立つ。 (2)職員は本人の肘付近を下から支えるように持つ。本人との距離を空けずに立つ。 ④歩くペースは本人に合わせる。 ⑤本人の足が出ない場合は「車いす」を使うか開く。 ⑥⑤の了解を得た場合や立位が保てなくなった場合は車いすを使う。 ⑦主な歩行場面は次の通り。 部屋とリビングの移動、トイレからの帰り時、浴槽につかる時、その他本人の希望する場面。	職員	歩行時 足が出ない時	7月31日 ～ 10月30日
(項目：6) ＜本人＞ 食事に関する意向は不明。 ＜職員＞ 食べる・飲むことは、箸等を使い自立。 食事の用意は職員側で行っている。	(長期目標) ひとりで食べられる状態を維持する。 (短期目標) 美味しく食べる。	食事の支援	～食事の準備～ 1 好きなもの・手で持ちやすい状態で用意する。 2 食事について (1)食パン、スティックパン、一口サイズおにぎり、バナナ、トマトは常備しておく。 (2)毎食作る主食・副食を出す。 3 飲み物について (1)何を飲むかメニュー表を提示する。 (2)希望を示さない場合は次の中から選び出す。 　緑茶、野菜ジュース、牛乳、ミルクティ (3)本人専用のコップ・湯のみに入れて出す。 4 食事の際は、お箸・フォーク・お手拭を用意する。 ～食事の摂取・時間について～ 1 食事時間は朝8時、昼13時、夕食18時半を基本とする。 2 食事時間の30分程前に声を掛ける。 3 食事摂取は自力にて行い、職員は見守る。 4 本人の状態により時間をずらす。 5 食事・水分摂取状況を記録する。	職員 職員 本人職員 職員 職員	毎食時 毎食時	7月31日 ～ 10月30日

※紙面の都合上、《排泄》《入浴》《更衣》については割愛しましたのでご了解ください。

事例3　身寄りがなく、ひとり暮らしをしていた利用者の当面の介護計画

利用者氏名：　Eさん（女性）
生年月日：　昭和○○年4月8日（○○歳）
出身地：　S県
要介護度区分：　要介護1
既往・現病歴：　脳血管性認知症、高血圧症、膝関節症

家族構成等：

　幼い頃、両親が他界。里親に18歳まで育てられる。18歳から東京へ出て働く。工場勤務をしている時に出会った男性（夫）と結婚。子供には恵まれなかったが夫婦仲良く暮らしていた。8年前に夫が交通事故で他界。その後、1人での生活となる。

キーパーソン：なし（単身のため）

　生活保護受給者（生保担当者と相談可、地域福祉権利擁護事業を利用）

入居に至る経緯：

　夫の他界後、ひとり暮らしをしている中で、認知症状（物忘れ）が現れる。近隣住民とのトラブルから、民生委員が市役所に相談する。介護認定を受けデイサービスやヘルパーを使いひとり暮らしを続けるが、本人の「ひとり暮らしが不安・怖い」との訴えにより入居。

入居前のADL等：

《歩行》室内自立。近くの外出は杖かシルバーカーで自立。
《食事》自炊をしていたが、段々と惣菜などを買ってくる回数が増えていた。平日の朝ご飯は近くの喫茶店に出かけていた。土日はパンを焼いて食べていた。
《排泄》失禁があり尿パッドを使用。自分で取り替えていた。
《更衣》自立。
《入浴》自宅ではひとりでは不安とあまり入っていなかった。洗体・洗髪は自立可。
《趣味等》毎朝、喫茶店に行くのが日課であり、お店の人と話すのが楽しみであった。
　　　　　仏壇にお水・お花を供える。新聞を読む。

入居前のアセスメントにて：

H.○○年5月9日　サービス担当者会議開催（場所：Eさん宅）。
出席者：Eさん、生活保護担当者A氏、権利擁護事業担当者B氏、グループホーム職員2名（介護支援専門員と介護職員）　計5名

　生活保護の担当者とは顔見知りであり、グループホーム職員も数回訪問していたこともあり、Eさんの生活に対する意向等を詳しく聞くことができた。

1. その時に出たEさんの意向

《生活全体》「皆で助け合いながら楽しく暮らしたい」
《生活場面》「喫茶店には行きたい」
　　　　　　「お風呂は不安だから一緒に入って欲しい」
　　　　　　「どんなことがあってもトイレには1人で行きたい」

「リハビリを続けたい」など様々挙がった。

2. サービスの方向性
   ①ひとり暮らしの中で行ってきたことを入居後も継続することで自立した生活が送ることができるように支援していく。
   ②Eさんが不安に思う部分を職員が見守り・一緒に行うことで自宅より安心して暮らせる生活環境を整えていく。

3. サービス内容
   各項目の当面のサービス内容をEさんの意向を基に作成し、職員が明示し、Eさんの了解を得た。

4. 備考
   ①入居1カ月後に再度アセスメント等を行い、介護計画書を作成することとする。
   ②入居日は5月12日午後2時とする。

【記入例について】

a. 入居してくる利用者の中には（入居時点で）詳細な情報や利用者のニーズが不明確等の場合が考えられます。

b. 入居当初の生活は大切です。情報が少ない等の理由があるにせよ、利用者が速やかに自宅での生活をグループホームに移行できるような介護計画が必要です。

c. 当面の介護計画書で明示した内容は、利用者の状態やニーズにより速やかに変更する必要があります（この「当面の介護計画書」の内容で1カ月サービスをしなくてはいけないというわけではありません）。

d. 利用者のニーズ等がわからない部分（「視覚・聴覚およびコミュニケーション」「着替え・洗面」等）があれば「特になし」でかまいません。

ミニコラム⑬～生活環境から見えてくること～

　生活するにおいて長い時間を過ごす場である自室（病室）には、多くの情報が詰まっています。特に限られた空間で生活している利用者であるならば、ベッドの置き方1つで、生活（生活動作）が変わってしまう場合もあり得ます。「ベッドから降りるのは、左側から？　右側から？　あるいはベッド周りの手の届く範囲には何が置かれているか？」など、多くの情報が詰まっています。

　自宅での自室が和室で、就寝時は布団を利用しており、病院等の利用経験がない利用者の場合、どうなる？

　グループホーム側は、利用者に対して入居後も布団を敷いた生活がよいかを訊く（アセスメント）必要が出てきます。和室生活の人はまだまだ多いですからね。なぜなら、急にベッド生活に変えると気をつけなくてはいけない点があるからです。認知症状に関係なく、人は日常の生活習慣によって、特に考えなくても寝起きの動作を自然に身に付けています。もし、布団に寝ている人がベッドで寝ていることを意識せず（慣れのため）トイレに行く動作をとったらどうなるでしょうか？　そうです！　立ち上がって歩き始めベッドから転落してしまう可能性があるのです。入居まもない利用者の怪我や、ショートステイサービスを利用する人の怪我の多くは、生活習慣の不慣れが原因になっていることが多いのです。

第5章 事例で学ぶグループホーム計画書のつくりかた

☑認知症対応型共同生活介護計画
☐介護予防認知症対応型共同生活介護計画
～当面の介護計画書～

作成日　平成○○年 5 月 10 日

入居者名　：　　E　　様　　　生年月日：M・T・Ⓢ ○○年 4 月 8 日　　年齢：○○歳

入居者／家族説明相手　：　　E　　印　　説明日：平成○○年 5 月 12 日　（説明者：　YとT　）

計画作成担当者　：　　Y　　印　　　　　担当介護職員　：　　T　　印

要介護度区分：要支援2・要介護①・2・3・4・5　　認定期間：平成○○年 2 月 1 日 ～ 平成○○年 1 月 31 日

事例3

【本人の生活全体の意向やサービスに対する意向】

生活全体：「皆で助け合いながら楽しく暮らしていきたい」
生活場面：「喫茶店に行きたい」「お風呂は不安だから一緒に入って欲しい」
　　　　　「どんなことがあってもトイレは1人で行きたい」
　　　　　「リハビリを続けたい」等。

【事業所の総合的介護サービスの方針】

①ひとり暮らしの中で行ってきたことを入居後も継続することで自立した生活を送れるように支援していく。
②本人が不安に思う部分を職員が見守り・一緒に行うことで自宅より安心して暮らせる生活環境を整えていく。

【本人の生活の意向およびサービス内容】

生活の場面	ニーズや現状	目　標	具体的なサービス内容
健康状態等	膝・腰痛あり リハビリを続けたい	自分の足で歩き続ける	①シルバーカーでリビング周りを歩く。 ②リハビリの時間・頻度は本人に任せる。
視覚・聴覚および コミュニケーション	特になし	特になし	特になし
理解・行動	物忘れがある	安心して暮らしたい	①生活の様子を見守る。 ②本人が不安に思うことがあれば一緒に時間を過ごす・話を聞く。
ベッド上・立ち上がり・ 移乗動作等	特になし	特になし	①（ベッド）サードレールをつけずに様子を見る。
移　動	室内は杖やシルバーカーを使い自立	自分の足で歩きたい	①室内歩行見守る（直接の介助はしない）。 ②散歩はシルバーカーで。 ③喫茶店や買い物は車送迎する。
食事・調理	朝食は喫茶店に行きたい	喫茶店には毎日通う	①日勤者が出勤後、喫茶店に出掛ける（平日のみ8時半頃）。 ②昼・夕食の調理は声を掛けて一緒に行う。 ③禁食なし。
排　泄	失禁あるが自力で交換している	トイレには1人で行く	①直接の介助は行わず見守る。
入　浴	お風呂は不安だから一緒に入って欲しい	週に2～3回は入りたい	①お風呂に入る日・時間は本人に任せる。 ②入る時職員に声を掛けてもらう。 ③一緒に入る（女性職員）。 ④入浴表をつける。
着替え・洗面	特になし	特になし	特になし
家事・IADL	洗濯はたまったら自分でやる	何でもできることはやる	①洗濯・掃除は本人に任せる。 ②家事動作の状況を記録する。

生活の質	喫茶店に毎日通いたい 仏壇の花交換をしている	喫茶店には毎日通う	①喫茶店は《食事》通り。 ②仏壇の水とお花を供える。
その他生活の様子等	権利擁護事業の利用を開始した	特になし （責任ある金銭管理）	①預かり金等の出し入れ確認を権利擁護担当者と行う（第1金曜）。

事業所名：　　　　グループホームT

介護計画書の交付を受けました。平成○○年5月12日　氏名：　　　　E　　　　印

> ### ミニコラム⑭～近況報告のすすめ～
>
> 　家族に利用者の日々の生活の様子や出来事を伝えましょう！
>
> 　「○○さんの行きつけのお店で、一緒に食事してきました！」「昨日の夕食で○○さんの作った肉じゃがをいただきました。美味しかったです！」など、日々の生活の様子を伝えることで、家族は親（利用者）に対し"発見""再確認""安心"をするかもしれません。「お父さん、歩いて外出できるようになったんだ」「お母さん、台所に立てるのね！」と。
>
> 　入居を決断する家族の心情は、「介護疲れ等で穏やかではいられなかった」と推察されます。認知症状の親の世話に振りまわされたり、「泥棒」呼ばわりされたりといったこともあるでしょう。このような中で、ギブアップ寸前でギリギリの状態で頑張っていた家族が、最終的に入居を選んだ……というケースは多いですよね。
>
> 　親（利用者）について、家族がゆっくり冷静に考えられるようになるのは、適度な距離をもち、時間にゆとりが生まれる、「入居してしばらく経過した頃」なのです。しかし冷静になっても、親の介護が大変だった時の印象やイメージが残ったままなのです。印象が変わらなければ利用者と家族との距離は近くなりません。
>
> 　また、当然ですが、体調面の変化についても、速やかに家族に連絡を入れましょう。この業界の悪い習慣ですが、利用者に3日前から微熱があり、熱が下がらずそのまま入院した場合……入院した時点でしか連絡しないといった傾向にあります。微熱や具合が悪いという訴えがあった3日前に連絡をしていれば、家族もそれなりの心積もりができるのではないでしょうか。家族に対しても、早めの「ほうれんそう（報告・連絡・相談）」が必要です。
>
> 　速やかに連絡を入れたり、入居後の利用者の姿や思いを家族にしっかり伝えることによって、グループホームや職員に対する家族の信頼は増します。そうすれば、家族と職員は、親（利用者）についていろいろと相談のできる関係になっていくのです。また、グループホームを訪れる機会が増えることによって、利用者へのサービスの一端を家族に担ってもらえるようになるかもしれません。

事例4 「自宅に戻って生活したい」と願う利用者の自宅復帰への挑戦!!

《ポイント》
① 「自宅に戻って生活したい」と願う利用者に対する社会資源等の活用も含めたサービスのあり方。
② 自宅復帰に向けてグループホーム内での家事動作を中心とした自立支援サービスのあり方。

利用者氏名： F.Fさん（女性・○○歳）
要介護度区分： 要支援2
疾患名： 変形性膝関節症、便秘症、認知症、白内障

家族構成：

6人兄弟の5番目。2番目の姉とは特に仲が良かったが、5人の兄弟はすでに亡くなっている。23歳の時に結婚し25歳で長男を出産するが生後半年で病死。その後35歳の時に次男を出産。本人は「自分の命よりも大切な子」と言うほど可愛がっていた。夫は60歳の時に亡くなり、その後はひとり暮らし。次男は仕事の関係で現在は他県に住んでおり、T市には戻ることは少ない。

入居までの様子：

Fさんは、難聴や膝の痛みはあるものの自宅（市営住宅）でひとり暮らしをしていた。実の姉の死去後、妄想や幻覚を見るようになり、日常生活は訪問介護の利用と近隣の友人などの協力によって生活を続けていた。しかし、日頃の言動を心配した友人が介護支援専門員に相談したことから、離れて暮らす次男Gも心配し「自宅での生活は難しいかも」と施設入居を考えるようになる。Fさんは次男のことを「自分の命よりも大切」「自分ができることは（次男Gに）仕送りをするぐらい……」と話していた。その次男の勧めもあり、体験利用を経て入居となる。

入居当初のグループホームでの様子：

室内のADLは自立。膝の痛みから頻繁に外出はせず、職員が運転する車に同乗することが多かった。家事については、洗濯は当初から1人で行っていたが、利用時間が重なりやすい台所仕事（調理）は他の利用者への遠慮からほとんど立つことはなかった（「思うようにできない」と漏らすことも）。生活全体については「職員がいてくれるから安心」と話している。

自宅復帰のきっかけ：

職員と郵便局に行って残高確認をしたあたりから、お金のことを気にするようになる。「施設にいたら支払いで年金が残らない」「自宅に戻れば次男に仕送りができる」と訴えるように。日常生活上も他の利用者に気を遣うとのことで、「長い間住んでいた自宅で自分のペースで生活したい」との思い（意向）が日に日に強くなっていった。入居して1年が経過した頃であった。

家族の理解・協力：

次男Gは遠方に住んでいる上、仕事も忙しくなかなか親（Fさん）に会いに来ることができない（日常の連絡はメールや電話でのやり取り）。

Fさんの自宅復帰の意思（訴え）を伝えると、はじめは「1人で生活できるだろうか」と心配

な様子であった。以前より、妄想や幻覚の症状が最近は見られないことなどを報告していたため、"今は落ち着いている"との認識を持っており、「そこまで言うなら」と前向きな返答を得た。その上で、「自宅に戻ってからの生活が心配」とのことであったので、入居前の介護支援専門員と連携を図り、自宅復帰後の支援体制作りに入った。

地域の理解・協力：

　入居前もFさんのことを気にかけ、何かと手伝ってくれていた市営住宅内の友人宅を訪問（Fさんの了解の上）。Fさんが自宅に戻る方向で話を進めていることを伝えると、快く協力を申し出てくれた。民生委員の協力も得られた。

職員の関わり方と変化：

　グループホームでは、「自宅復帰も含めた自立支援」を事業方針における目標に掲げており、職員には「Fさんの意思を叶えたい」という思いがあった。同時に、「Fさんに対するケアサービスの不備等があるのでは」と考え、見直しも図った。再アセスメントの際に、「入居後は食事の仕度や買い物などの家事動作についてほとんど自力で行っておらず、復帰後どうするのか」をFさんに相談。自宅復帰までの準備期間において「できることは自分でやる」と、家事動作の自立に向けて頑張ることに。Fさんが献立を考え、調理は職員も一緒に台所に立った。

自宅復帰までの道程：

H.○○年4月頃〜

　Fさんは、お金のことを気にするようになってから、何度か自宅復帰の意思を表明していた。職員はその旨を、次男Gへの近況報告（日常生活の様子を伝える家族への連絡）の際に伝える。Fさんに対しての具体的な行動はしていなかったが、次男Gとは相談に入る。

H.○○年5月4日：Fさんが担当職員のAの夜勤中に事務室を訪ね、自身の希望を伝える

　《Fさん》「自宅で生活したい」

　《職員A》「自宅がいいですか？」

　《Fさん》「施設にいればいつも誰かがいてくれて心強いけど、やはり長い間住んでいたところで自分のペースで暮らしたいの」

　《職員A》「一時的な帰宅ではなくて、ここを出て自宅に帰るということですか？」

　《Fさん》「そうです。ここを出て自宅で生活したいのです」

　《職員A》「明日の朝、管理者に伝えます。自宅に戻って生活する件を考えます」

　　　　　（職員Aはさすがに、即答で自宅復帰しようとは言えなかった）

H.○○年5月5日：職員AがFさんについてのサービス会議の開催を提案

　《管理者》「昨日の話の続きと内容を確認のため、Fさんの部屋を訪室して、昨日の話の続きと内容（意思）を確認しました。Fさんの意思が強いと感じましたよ」

　Fさん同席の下、サービス会議を開催。管理者・職員Aが報告等を行う。その席で、Fさんの意思に沿って話をしていくことを確認する。また、事態の重大性を考慮して、次男の了解をもらうことが必要であることを伝える。Fさんも了承。

H.○○年5月6日：管理者が次男G宛てにFさんの思いをつづったメールを送信

　同日、次男より「明日連絡する」との返信があり、Fさんと職員にその旨を報告。

H.○○年5月7日：次男Gより連絡があり、管理者が前日の「自宅復帰」の詳細を伝える

　次男Gは「一度考えてみます」と返答。管理者は、Fさんと職員にこの件について報告（Fさんは「わかりました。待ちます」と返答）。

基本情報

《本人氏名等》

フリガナ		男・女	年齢	M T ○○ 年 4 月 30 日 （○○歳）
入居者氏名	F・F			Ⓢ

住所	〒　－　 H県T市N町		電話：○○○-○○○-○○○○

《緊急連絡先》

第1 連絡先	氏名　G	Ⓜ・女　年齢（46歳）　本人との続柄（　次男　）
	住所 K県Y市	自宅TEL　　－　　－ 携帯TEL　○○○-○○○○-○○○○ 勤め先 e-mail　AAAA@XXXXXX.ne.jp
	【連絡方法等】（携帯電話へメール。仕事のため連絡がつきにくいため　　　　　　　　　　）

第2 連絡先	氏名　H	Ⓜ・女　年齢（　歳）　本人との続柄（　甥　）
	住所 H県K市	自宅TEL　　－　　－ 携帯TEL　△△△-△△△-△△△△ 勤め先 e-mail　　　　　　　　　＠
	【連絡方法等】（携帯電話へ電話　　　　　　　　　　　　）

第3 連絡先	氏名　I	男・Ⓕ　年齢（　歳）　本人との続柄（　姪　）
	住所 H県H市	自宅TEL　○○○-×××-△△△△ 携帯TEL　　－　　－ 勤め先 e-mail　　　　　　　　　＠
	【連絡方法等】（18時以降、自宅電話へ電話　　　　　　　　　　　　）

《家族等（緊急連絡先以外）》

氏　名	住　所	電話番号	本人との続柄
J	H県T市N町	○○○-○○○-△△△△	民生委員
K	H県T市N町	○○○-○○○-××××	近隣住民
L	H県T市N町	○○○-○○○-□□□□	近隣住民
		－　　－	

【家族構成】

【入居前の介護状況】
・県営住宅に独居。近くに家族・親戚はいない。
・ヘルパーを週2回利用。
・同じ県営住宅に住む住民（Kさん・Lさん）が週に数回、民生児童委員が月に1～2回、訪問していた。

《入居希望時の認知症状の確認》

認知症症状を確認した相手	M医師	本人との関係	主治医
所属・連絡先等	M医院（×××-△△△-○○○○）		
確認書類等	主治医意見書	確認職員	計画作成担当者H

《身体障害者手帳等》

あり（6級）

《公的な支援制度の利用状況》

成年後見制度	☐利用している（補助・保佐・後見／任意） 【所　属】 【住　所】〒　　－ 【電　話】　　－　　－ 【利用期間】平成　　年　　月　　日から 【支援内容等】 （	☑利用していない 【氏　名】 【ＦＡＸ】　　－　　－ ）
地域福祉 権利擁護事業 （日常生活 自立支援事業）	☐利用している 【機関名】 【住　所】〒　　－ 【電　話】　　－　　－ 【利用期間】平成　　年　　月　　日から 【支援内容等】（	☑利用していない 【担当者】 【ＦＡＸ】　　－　　－ ）
生活保護制度	☐利用している 【部　署】 【住　所】〒　　－ 【電　話】　　－　　－ 【利用期間】平成　　年　　月　　日から	☑利用していない 【担当者】 【ＦＡＸ】　　－　　－

《入居に至った経緯》

- 入居前は独居。長年仲が良く、生活を共にしてきた実の姉の死去後、妄想や幻覚を見るようになり精神的に不安定な状態になる。
- 身体的には自宅での生活も可能ではあったが、「部屋に人がいる」「つけ回す人がいる」などの言動が続く。その様子を心配した友人がケアマネに相談する。
- 受診の結果、主治医より「認知症が進んでいる」と言われる。
- ケアマネより次男に連絡し、今後のことを相談。次男が「ひとり暮らしは心配で困難」と判断し、Ｆさんの了承の下、施設を探すことになる。
- 施設入所するか否かについては、本人のこれまでの生活を考え、グループホームへの入居を希望し、当グループホームＴに相談が入った。初回訪問から見学にも来てもらい話を進めた。その後、次男の説得もあり体験利用から始め入居に至った。

《性格》

家族思い。柔和、几帳面でキレイ好き、信心深い。

入居前情報

作成日：平成○○年 4 月 1 日

1. 相談者等

《介護支援専門員》

氏 名	H	事業所名	地域包括支援センターD
住 所	H県T市	TEL　－　　　FAX　－　－	

《その他の相談者》

氏 名		事業所名	
住 所		TEL　－　　　FAX　－　－	

《入居受付時の要介護認定》

要介護度	要支援 2 ・ 要介護 ① ・ 2 ・ 3 ・ 4 ・ 5
認定日	平成○○年 3 月 1 日　認定期間　H.○○・3・1 ～H.20・2・28

《入居受付時の日常生活自立度判定基準》

認知症	なし ・ I ・ IIa ・ ⓑ ・ IIIa ・ IIIb ・ IV ・ M	判定日	H○○・2・1
寝たきり	J₁ ・ Ⓙ₂ ・ A₁ ・ A₂ ・ B₁ ・ B₂ ・ C₁ ・ C₂	判定日	H○○・3・1

《生活の意欲等》

生活の意欲	【生活意欲】☑あり　□ある様子　□不明　□なし 【加齢や病気による生活の孤独感・喪失感】☑あり　□不明　□なし
家族に対する希望・想い	☑あり（仕事が忙しくて大変だ。元気でいて欲しい　　　　　　　　　　） □なし　□不明

《生活歴（出身地・家族のこと・職業等）》

【生まれ・出身地】H県K市生まれ
【家族・結婚】・6人兄妹の5番目（1番上の兄は戦死。末妹は幼少時に病死。1番目の姉は80歳で病死）。 ・実家はH県K市で農業を営んでおり、2番目の兄が実家を継いだ。その兄は5年前に亡くなっている。 ・2番目の姉と仲が良く、独身の頃はK市で共に看護師として働いていた。姉の結婚と同時に、本人も姉の嫁ぎ先のH県T市に引っ越した。姉と本人は、結婚後もよく行き来していたようである。姉の子供達も本人によくなついており、子供達が小さい頃は、お互いの家に泊まりあうこともあったらしい。その姉は、H.○○年1月に亡くなった。 ・本人が、23歳のときに結婚。夫はH県H市で働いていたが、独立し事業を始める。開業と同時に、H県O市に移った。 ・本人が25歳の時に長男を出産するが、生後半年で病死。その後、35歳の時に次男を出産する。子供に恵まれなかったため、夫・本人とも大喜びであった。本人は「自分の命よりも大切な子」と言う。その次男は、大学卒業後、新聞社に勤める。その後、フリーのライターとなり、今は全国を飛び回っている。T市にほとんど戻らない。 ・夫は、本人が60歳の時に亡くなった。その後、ひとり暮らしをしている。
【仕事】結婚後、長男が亡くなるまで、夫の事業を手伝っていた。しかし、家計は苦しく製紙工場で働き始めた。その後、水道配管や道路工事、書店、クリーニング店と職を替えながら家計を支えてきた。一番長かったのがクリーニング店で15年勤めている。定年でクリーニング店を辞めた後は年金で暮らしている。
【暮らしの様子】県営住宅に住んでいる。40年以上住んでいるため、近所の方との親交も深い。本人が住んでいる地域は、特に地域のつながりが強く、道行く人が知り合いのようなところである。 　1年前から介護サービスの利用を始め、週2回、買い物・調理・掃除のためにヘルパーを利用。普段は、徒歩5分のスーパーで惣菜を買ってくることが多い。掃除は、床をクイックルワイパーで拭き、後はヘルパーに任せていた。 　かかりつけの医院があり、1カ月に1回程度の通院で、他は薬だけヘルパーが取りに行っていた。入居前は、薬も飲んだり飲まなかったりであったようである。 　自宅には仏壇があり、毎朝晩拝んでいた。夫・長男・姉の月命日には、欠かさず餡の入った御餅と生花を供えていた。 　挨拶をする知り合いは多く、特に行き来のあるのは、同じ県営住宅に住むKさんとLさんであった。同じ棟だったKさん宅には、週に何回か訪れていたようである。Kさんも、ひとり暮らしの本人を気にして訪問していたようだ。
【その他】

事例4

2. 住居等
《入居前居住地》

☑自宅 □家族宅 □施設 □病院 □その他	住所・ 施設名	H県T市N町

《生活環境》

自宅（時期：　　　　　　　頃まで）	施設・病院等（時期：　　　　　　　頃まで）
【居住空間見取り図】 TV — 居間　便所　浴室 　　　寝室　台所　玄	【居住空間見取り図】
【寝具等使用状況】 ①寝　具　☑市販ベッド　□電動ベッド 　　　　　□布　団　　□その他（　　　　） 　　　　　付属品（　　　　　　　　　　　） ②トイレ　☑洋式　□和式　□Ｐトイレ 　　　　　付属品（　　　　　　　　　　　） ③浴　室　☑家庭浴槽　□施設一般 　　　　　□機械浴　□訪問入浴	【寝具等使用状況】 ①寝　具　□パイプベッド　□電動ベッド 　　　　　□布　団　　□その他（　　　　） 　　　　　付属品（　　　　　　　　　　　） ②トイレ　□洋式　□和式　□Ｐトイレ 　　　　　付属品（　　　　　　　　　　　） ③浴　室　□家庭浴槽　□施設一般 　　　　　□機械浴

《1日の生活の様子》

自宅（時期：　　　　　　　頃まで）	施設・病院等（時期：　　　　　　　頃まで）
起床（6°） 　仏壇を拝む 朝食（7°半頃） 　掃除・ゴミ出し等　　　　　　　　　　6—	—6
昼食（12°半頃） 　買い物・昼寝等　　　　　　　　　　　12—	—12
夕食（19°頃） 　入浴・TV（野球・歌謡番組）　　　　　18—	—18
就寝（22°頃）　　　　　　　　　　　　　24—	—24

3. 健康等
《健康状態》

【既往・現病歴】※聞き取り・意見書等添付	【障害部位】
既：盲腸、胃潰瘍、十二指腸潰瘍 現：変形性膝関節症、便秘症、認知症、白内障	難聴 膝が痛い

《服薬状況》

薬　名	効　能	薬　名	効　能
整腸剤	朝晩1包	精神安定剤	寝る前1錠
胃薬	朝晩1包	下剤	頓服用
目薬	1日3回		

《主治医・通院先》

医師氏名	医療機関名	診療科	連絡先等
M医師	M医院	内科	
P医師	P整形外科	整形外科	
Q医師	Q眼科	眼科	

4. 家事等

家事項目	家事動作の範囲等（代行者）	家事の意向・いつまで自立？
掃除	☑自立　□家族　□施設等 用具（クイックルワイパー　　　　　　） 範囲（　　　　　　　　　　　　　　） 頻度（　　　　　　　　　　　　　　）	・気になったときに床をクイックルワイパーで拭く。 ・トイレや浴室等はヘルパーで行っていた。
洗濯	☑自立　□家族　□施設等 洗濯機　①自動　②二層式洗濯機 頻度（　　　　　　　　　　　　　　）	自分ですることもあったが、1週間に1回はヘルパーがしていた。
寝具の整理	☑自立　□家族　□施設等 頻度等（　　　　　　　　　　　　　　）	掛け布団は自分で畳んでいた。
買い物	☑自立　□家族　□施設等 スーパーなど（　　　　　　　　　　） （　　　　　　　　　）（　　　　　） 頻度（　　　　　　　　　　　　　　）	近所のスーパーへ買いに行く（おもに、惣菜を買っていた）。
調理 片付け	☑自立　□家族　□施設等 得意料理（　　　　　　）（　　　　　） （　　　　　　　　　）（　　　　　） 頻度（　　　　　　　　　　　　　　）	主菜は惣菜を買うことが多かったが、味噌汁や酢物など副菜は自分で作っていた。ご飯は炊飯器で炊いていた。
電話の応対	☑自立　□家族　□施設等	難聴のためほとんど応対しない。FAXでのやり取りが多い。
戸締り	☑自立　□家族　□施設等	夜間は玄関の鍵をかける。
火の取り扱い	☑自立　□家族　□施設等	
冷暖房管理	☑自立　□家族　□施設等	夏場は冷房をほとんどつけない。冬場は、電気ストーブ・コタツで過ごす。
来客の応対	☑自立　□家族　□施設等	
その他		

※主体的に行っていた部分や内容（誰がどの程度行っていたか？等）を記載

5. 生活の質

生活の範囲	□公共機関利用での外出　①自立　②家族等の付き添い ☑自宅（施設）周辺の外出　①自立　②家族等の付き添い ☑室内中心　□自室内中心　□ベッド（布団）上の生活 □その他（　　　　　　　　　　　　　　　　　　　　　　　　）
外出・ 買い物等	外出の機会　☑あり　□なし 自立度　　　☑自立　☑付き添いで（ヘルパーの付き添い　　　　） ①よく行った場所（K衣料品店　　　　　　　　　　　　　　　） ②行きつけのスーパー（Sスーパー　　　　　　　　　　　　　） ③デパート（　　　　　　　　　　　　　　　　　　　　　　　） ④商店街（○駅前商店街　　　　　　　　　　　　　　　　　　） ⑤美容／理髪店（H美容室　　　　　　　　　　　　　　　　　） ⑥飲食関係（　　　　　　　　　　　　　　　　　　　　　　　） ⑦お墓参り（時期：お盆・お彼岸　　　場所：H県K市、H県O市） ⑧旅行先・思い出の場所（　　　　　　　　　　　　　　　　　） ⑨金融機関（郵便局　　　　　　　　　　　　　　　　　　　　）

趣味等	☑あり（下記に詳細）　□なし　□不明 ①タバコ　□吸う（銘柄：　　　　　　　本数：　／日）　☑吸わない ②飲酒　　□飲む（銘柄：　　　　　　　量　：　／日）　☑飲まない ③（過去の）習い事等（　　　　　　　　　　　　　　　　　　　　　　　　　　　） ④スポーツ関係（プロ野球のファン　　　　　　　　　　　　　　　　　　　　　） ⑤その他（　　　　　　　　　　　　　　　　　　　　　　　　　　　　　　　　）
日課等	☑あり（下記に詳細）　□なし　□不明 ①（朝・晩仏壇を拝む　　　　　　　）→いつ頃まで（入居前まで　　　　　　　） ②（　　　　　　　　　　　　　　　）→いつ頃まで（　　　　　　　　　　　　） ③（　　　　　　　　　　　　　　　）→いつ頃まで（　　　　　　　　　　　　）

《その他日常生活の情報》

墓参りは、彼岸・お盆に姪と一緒に行った。

6.ADL 等《日常生活動作等》

起き上がり	【動作】☑自立　□一部介助　□全介助 【介助方法】（　　　　　　　　　　　　　　　　　　　　　　　　　　　　　　）
立ち上がり	【動作】☑自立　□一部介助　□全介助 【介助方法】（　　　　　　　　　　　　　　　　　　　　　　　　　　　　　　）
歩行(移動)	【動作】☑自立　□一部介助　□全介助 【介助方法】（　　　　　　　　　　　　　　　　　　　　　　　　　　　　　　） 【福祉用具等】①杖（○）　②車いす　③その他（シルバーカー　　　　　　　　） 【夜間・室外での状態】（外出時も杖使用。　　　　　　　　　　　　　　　　　）
食事の摂取	【動作】☑自立　□一部介助　□全介助 【介助方法】（　　　　　　　　　　　　　　　　　　　　　　　　　　　　　　） 補助具（　　　　　　　　　　　　　　　　　　　　　　　　　　　　　　　　） 好　物（　　　　　　　　　　　　　　　　　　　　　　　　　　　　　　　　） 嫌いな物（　　　　　　　　　　　　　　　　　　　　　　　　　　　　　　　）
排泄 (排尿)	昼間：【動作】☑自立　□一部介助　□全介助 【排泄場所】①トイレ（○）　②Ｐトイレ　③尿器類　④オムツ類使用 【オムツ類】（メーカー・種類：A社尿取りパッド　　　　　　　　　　　　） 【介助方法】（　　　　　　　　　　　　　　　　　　　　　　　　　　　　） 【介助頻度】（　　　　　　　　　　　　　）尿意　①あり（○）　②不明　③なし 夜間：【動作】☑自立　□一部介助　□全介助 【排泄場所】①トイレ（○）　②Ｐトイレ　③尿器類　④オムツ類使用 【オムツ類】（メーカー・種類：A社尿取りパッド　　　　　　　　　　　　） 【介助方法】（　　　　　　　　　　　　　　　　　　　　　　　　　　　　） 【介助頻度】（　　　　　　　　　　　　　）尿意　①あり（○）　②不明　③なし
排泄 (排便)	昼間：【動作】☑自立　□一部介助　□全介助 【排泄場所】①トイレ（○）　②Ｐトイレ　③尿器類　④オムツ類使用 【オムツ類】（メーカー・種類：A社尿取りパッド　　　　　　　　　　　　） 【介助方法】（　　　　　　　　　　　　　　　　　　　　　　　　　　　　） 【介助頻度】（　　　　　　　　　　　　　）便意　①あり（○）　②不明　③なし 夜間：【動作】☑自立　□一部介助　□全介助 【排泄場所】①トイレ（○）　②Ｐトイレ　③尿器類　④オムツ類使用 【オムツ類】（メーカー・種類：A社尿取りパッド　　　　　　　　　　　　） 【介助方法】（　　　　　　　　　　　　　　　　　　　　　　　　　　　　） 【介助頻度】（　　　　　　　　　　　　　）便意　①あり（○）　②不明　③なし
入浴	【動作】☑自立　□一部介助　□全介助 【準備】☑自立　□家族　□施設等 【頻度】①毎日　②週　回（　　　）　③ほとんど入らない 　　　　　入浴する時間帯：（17 〜 21）時頃 【介助方法】（　　　　　　　　　　　　　　　　　　　　　　　　　　　　　）
歯磨き 洗面	歯磨き：【動作】☑自立　□一部介助　□全介助 【義歯】①あり（○）（すべて義歯）　②なし 【介助方法】（　　　　　　　　　　　　　　　　　　　　　　　　　　　　） 洗面：【動作】☑自立　□一部介助　□全介助 【介助方法】（　　　　　　　　　　　　　　　　　　　　　　　　　　　　）

視力	□普通　☑大きい字なら可　□ほとんど見えない　□見えない
	【眼鏡】①あり　②なし
	【頻度など】（　　　　　　　　　　　　　　　　　　　　　　　　　　　）
聴力	□普通　☑大きな声なら可　□あまり聞こえない　□聞こえない
	【補聴器】①あり（音量レベル：　最大　）②なし
	【頻度など】（　　　　　　　　　　　　　　　　　　　　　　　　　　　）

7. 入居前情報まとめ（その他）

- 難聴（障害6級）で電話での会話が難しいため、ケアマネや姉、姪とはFAXでのやり取りをしていた。
- 白内障のため、左目の視力がほとんどなく、両眼で0.3程度である。しかし、日常生活では特に不便はなかった。
- 変形性膝関節症のため、歩行はやや不安定で、室内はタンスやテーブルをつたって移動していた。外出時には、杖・シルバーカーを利用していた。長時間の歩行は難しいため、買い物はシルバーカーに座り、休み休み行っていた。
- 介護サービスは、週に2回ヘルパーを利用。主に、買い物、掃除、調理、かかりつけ医への受診の付き添いを頼んでいた。
- かかりつけ医（M医院）には、県営住宅に住み始めた頃から行っている。途中で、医師が初代（父親）から二代目（息子）に替わったが、「慣れているから」という理由で通っている。現在は、月に1回、定期的に受診している。
- 兄妹が早くに亡くなり、本人の長男も生後すぐに亡くなったことから、信仰深く、毎日仏壇を拝んでいた。月命日には、餡入りの餅と生花を供えていた。
- 40年以上県営住宅に住んでいるため、知り合いも多かった。特に同じ棟のKさんとは仲がよく、週に何回も行き来していたようである。隣の棟のLさんとも往来があった。また、県営住宅近くに住む民生児童委員が、月に1～2回訪問していた。また、ケアマネが月2回以上訪問していたが、「役所の人」と本人も信頼していたようである。
- 次男は、県外の大学に進学後、新聞社に勤める。その後、フリーのライターとなり、全国で活動している。そのため、ほとんど自宅に帰ることはなく、1年に1回帰るか帰らないかである。連絡もつきにくい。入居前、ケアマネとの話で、「母親のことが気にならないわけではないが、忙しくて時間がない。できれば自分でなんとかしてほしい」と言っていた。
- 本人の次男に対する思いは強い。大学時代からの仕送りをしていたが、今もいくらかお金を送っている。「息子は自分の命より大切。自分はこれ（仕送り）くらいしかできないから」と言っている。
- このような中で、本人は、すぐ上の姉（2番目の姉）を一番に頼りにしていたようである。日頃から、FAXや手紙で近況を伝えあい、兄妹の墓参りにも一緒に行っていた。この姉が、H.○○年1月に亡くなった。
- 姉が亡くなった1カ月後（H.○○年2月）から、「部屋に人がいる」「風呂場を誰かが覗いている」「知らない人がついてくる」と訴えるようになった。訴えは日に日に強くなり、H.○○年3月頃には、Kさん・Lさん宅に1日に何度か出かけて「家に人がいるから落ち着かない」と訴えるようになった。さらに、訪問したケアマネに「毎日知らない人につけられて困る」「ひとり暮らしだから何かあったら困る」と涙ながらに訴えるようになった。また、今までFAXを使ってやりとりをしていたが、内容を人に見られるからという理由で一切FAXを使わなくなり、連絡が取れない状態が続いた。心配した姪が自宅を訪問するが、「あなたもあの人たちの仲間か？」「自分をつけ回して何がしたい？」とひどく姪を責め、それ以来、姪との交流もなくなった。
- かかりつけ医を受診すると「認知症が進んだ」と診断された。精神安定剤が処方されたが、ヘルパーが確認すると、飲んでいない精神安定剤が出てくることが多々あった。服薬カレンダーを作り配薬をしたが、今まで飲んでいた胃薬も飲み忘れるようになった。そのため、今まで使っていた薬箱に今まで通り薬を入れておいた。
- その後、「つけ回す人が本人にひどい言葉を浴びせる」と言うようになり、落ち着かない日が続いた。ヘルパーの訪問時も、壁や空に向かって悪態をつく姿がみられるようになる。夜間、Kさん宅に行き、2時間、「つけ回す人」への不安を話し続けたことで、Kさんからケアマネに「在宅での生活が難しいのではないか」と相談があった。ケアマネから次男に連絡が入り、次男が帰省した。3日間、本人と一緒に過ごした結果、妄想がひどく本人が1人で生活することに、次男が不安を持ち、施設を探すこととなった。

事例4

入居後情報

作成日：平成○○年 6 月 10 日～　　年　　月　　日

■生活（人生）全体の意向
《本人の望む生き方・本人の望む生活～どのような人生を送りたいか。生活全体に対する希望等～》

自宅で暮らしたい。困りごとや不安なことは相談して、安心して暮らしたい。

《本人の家族等への思い》

生活の意欲	☑あり　□ある様子　□不明　□なし
家族に対する思い	☑あり（次男は自分の命よりも大切　　　　　　　　　　　　　　　）　□不明　□なし 【頼りたい家族】氏名：（　　G　　）続柄：（　次男　）
家に対する思い	☑家で暮らしたい（帰りたい家は……県営住宅の自宅　　　　　　　　　　　　　　　） □時々は帰りたい　　□不明　　□どちらでもない
備考	

《家族の生活全体の意向とかかわり》

キーパーソン	氏名：　　G　　　　続柄：　次男
利用者への生活全体の意向	・自分でできることは続けて、元気に暮らしてほしい。 ・自宅に帰ることには賛成ではないが、本人が言うなら考える時期かもしれない。
家族の役割や範囲等	遠方のため、日常的な訪問などはないが、存在自体が本人にとって安心して暮らす源になっている。

《本人の介護予防の取り組みの全体的な意向》※ 要支援2のみ

自分は元気だから大丈夫。自宅に帰りたい。

《事業所側の本人へのかかわり方～事業所の総合的介護サービスの方針～》

本人の望む「自宅で暮らす」ことができるように日常生活動作を中心に支援していく。

■最新の要介護状態等

《要介護認定》

要介護度	要支援 ②　・　要介護 1　・　2　・　3　・　4　・　5
認定日	平成○○年 4 月 25 日	認定期間	H○○・5・1 ～H○○・4・30

《日常生活自立度判定基準》

認知症	なし　・　Ⅰ　・　Ⅱa　・　Ⅱb　・　Ⅲa　・　Ⅲb　・　Ⅳ　・　M	判定日	H○○・5・1
寝たきり	J₁　・　J₂　・　A₁　・　A₂　・　B₁　・　B₂　・　C₁　・　C₂	判定日	H○○・5・1

（厚生労働省より）

1. 健康状態等（歯科含む）【項目1】

《希望や悩み》

■本　人　①希望	☑あり（健康でいたい　　　　　　　　　　　　　　　　　　　　）　□不明　□なし
②悩み	☑あり（膝が痛いときがある　　服薬を忘れるのではないか　　　）　□不明　□なし
■家族希望	☑あり（健康でいてほしい　　　　　　　　　　　　　　　　　　）　□不明　□なし

《介護予防の取り組みへの意向》

■本　人　①希望	☑あり（健康でいたい　　自分のことは自分でやる　　　　）　□不明　□特になし
■事業所側の基本方針（　　　　　　　　　　　　　　　　　　　　　　　　　　　　　　　　　　）	

《主治医》

担当医名	医療機関名	診療科目	連絡先
M医師	M医院	内科	40年来通っている。

《その他の通院医療機関》

担当医名	医療機関名	診療科目	連絡先
P医師	P整形外科	整形外科	
Q医師	Q眼科	眼科	
T医師	T市民病院	神経内科	

《医療連携体制》

医療連携の体制	☑連携なし　　□看護職員を配置 □外部連携　（事業所名：　　　　　　　　　担当看護師：　　　　　　　　　　）
主な関わりの内容	

《障害の有無等》

《既往歴や現病》

	病　名	症　状（一般状態）
㊛・現	盲腸	若い頃に手術。
㊛・現	胃潰瘍	
㊛・現	十二指腸潰瘍	
既・㊝	便秘症	
既・㊝	認知症	入居後より大きな変化は見られない。
既・㊝	変形性膝関節症	5年前より。膝の痛みあり。湿布対応。
既・㊝	白内障	7年前より。

《処方されている薬／服薬方法》

薬　名	効用等	服薬方法・注意点	薬　名	効用等	服薬方法・注意点
整腸剤		朝晩1包ずつ	精神安定剤		朝・寝る前1錠ずつ
胃薬		朝晩1包ずつ	下剤		頓服
目薬		1日3回			

（処方箋の添付で可）

《担当者の所見／生活の様子／特記事項》

- 薬は、昔から使っている薬用の缶にて保管中。飲み忘れがあるといけないから本人希望で職員が預っている。その日の薬（薬にいつ飲むかを職員が書いておく）を入れ、服薬時間に職員が缶を持っていくと、自分で取り出し服薬している。
- 精神安定剤の調整により精神的に落ち着いている。本人も「気持ちが穏やかになった」とのこと。

項目1【健康状態等】の計画必要度	1　2　③

2. 視覚・聴覚およびコミュニケーション【項目2】

《希望や悩み》

■本　　　人　①希望	☑あり（大きな声で話して欲しい　　　　　　　　　　　　　　　　　　　　）	□不明	□なし
②悩み	□あり（　　　　　　　　　　　　　　　　　　　　　　　　　　　　　　　）	□不明	☑なし
■家族希望	☑あり（勘違いしやすいので筆談も取りいれて欲しい　　　　　　　　　　　）	□不明	□なし

《介護予防の取り組みへの意向》

■本　　　人　①希望　□あり（　　　　　　　　　　　　　　　　　　　　　　　　　　　　　　　　）	□不明	☑特になし
■事業所側の基本方針（　　　　　　　　　　　　　　　　　　　　　　　　　　　　　　　　　　　　　　　）		

《視力》

視　力	☐普通（生活に支障がない）　　☐大きな字なら可 ☑視野が限られている（左側が見えない　　　　　　　　　）　☐見えない
補助具	眼　鏡　①使用（　　　　　　　　　　　　　　）　　②不使用

《聴力》

聴　力	☐普通（生活に支障がない）　　☐大きな声は聞こえる ☑あまり聞こえない　　☐聞こえない（右・左）　　☐不明
補助具	補聴器　①使用（　　　　　　　　　　　　　　）　　②不使用

《意思の伝達等》

意思の表示の手段	☑言語　　☑身振り手振り　　☑筆談 ☐その他（　　　　　　　　　　　）
意思の伝達	☑他者に伝えられる　　☐時々意思表示する　　☐ほとんどしない ☐しない（できない）
問いかけに対する反応	☑通じる　　☐時々通じる　　☐意思表示しないが通じている ☐通じない（反応がない）

《担当者の所見／生活の様子／特記事項》

・耳が聞こえにくい（障害者手帳6級）が、大きな声で、補聴器を入れている左側で話せば聞こえる。
・視力も、左目は白内障のためほとんど見えない。両眼あわせて0.3くらいである。生活上困った様子はない。
・普段は、大きな声でのコミュニケーションだが、本人が聞きにくいようであれば、筆談をすることもある。

項目2【コミュニケーション】の計画必要度	1	②	3

3. 理解・行動【項目3】

《希望や悩み》

■本　　人	①希望	☑あり（知らない人に付け回されたくない　　　　　　　　　　）	☐不明	☐なし
	②悩み	☑あり（知らない人がいて落ち着かない　　　　　　　　　　）	☐不明	☐なし
■家族希望		☑あり（妄想がなくなってほしい　　　　　　　　　　　　　）	☐不明	☐なし

《介護予防の取り組みへの意向》

■本　　人　①希望　☐あり（　　　　　　　　　　　　　　　　　　　　　　　　）　☐不明　☑特になし ■事業所側の基本方針（　　　　　　　　　　　　　　　　　　　　　　　　　　　　　　　　　　）

《理解》　1……答えることができた　　2……答えることができなかった

ア	自分の名前は？（答え：F　　　　　　　　　　　　　　　　　　　　　　）	①	2
イ	今現在の季節は？（答え：夏　　　　　　　　　　　　　　　　　　　　　）	①	2
ウ	生年月日は？（答え：昭和○年　　　　　　　　　　　　　　　　　　　　）	①	2
エ	現在、自分の住んでいる場所の名称は？（答え：施設　　　　　　　　　　）	①	2
オ	今朝・昨日食べた食事内容は？（答え：　　　　　　　　　　　　　　　　）	1	②

《行動力・行動意欲》　1……ある／できる　　2……ない／確認できない

	項　目	利用者		職　員	
ア	ひとりで外出することがある（できる）	①	2	①	2
イ	ひとりで外出しても事業所に戻ってこれる	①	2	①	2
ウ	最近、預貯金の出し入れを行った	①	2	①	2
エ	最近、独りで買い物に行った	1	②	1	②
オ	最近、独りで公共機関（電車・バス等）を利用した	1	②	1	②
カ	話しかけても上の空のようなときがある	①	2	①	2
キ	積極的に他の利用者や職員に話しかけている	1	②	1	②

《生活の様子や習慣》　1……ある／そう　　2……ない／違う

	項　目	利用者	職員
ア	日課等生活のリズムは昼間が中心である（夜は寝ていることが多い）	①　2	①　2
イ	日課等生活のリズムは夜間が中心である（昼間は寝ていることが多い）	1　②	1　②
ウ	生活の中で同じ話を繰り返し他者にする（大切な話の繰り返し）	①　2	①　2
エ	モノを大切にする（保管・取っておくことがある）	①　2	①　2

《生活上の羞恥心》

	項　目	利用者	職員
ア	排泄・入浴介助等の際に恥かしがる・嫌がる（異性の場合）	①　2	①　2
イ	排泄・入浴介助等の際に恥かしがる・嫌がる（同性の場合）	1　②	1　②
ウ	性的な欲求を示すことがある（具体例：　　　　　　　　）	1　②	1　②

《記憶等》　1……はい／ある　　2……いいえ／ない

	項　目	利用者	職員
ア	物忘れがある	①　2	①　2
イ	物を忘れることに悩んでいる・心配している	①　2	①　2
ウ	お金や大切な物を取られた（と思った）ことがある	1　②	1　②
エ	幻聴や幻覚を見たこと、聞こえたことがある	①　2	①　2
オ	気分や言動が落ち着かないときがある	①　2	①　2
カ	気分がすぐれず、物を壊すなどまわりに当たり散らしたことがある	1　②	1　②
キ	（事情があり）他者に対して手を上げる・言葉で責めたことがある	1　②	1　②

《職員が感じたこと》　1……ある　　2……ない

	項　目	職員
ア	作話・妄想（具体話：　　　　　　　　　　　　　　　　　）	1　②
イ	幻聴・幻覚（具体話：自分をつけ回す人が見える。その人が自分の悪口を言う。最近はない　）	①　2
ウ	異　　食（具体話：　　　　　　　　　　　　　　　　　　）	1　②
エ	暴言・暴力（具体話：　　　　　　　　　　　　　　　　　）	1　②

《担当者の所見／生活の様子／特記事項》

- ・「自分をつけ回す人がいる」「自分の悪口を言う」など、落ち着かないことが多かったが、薬の調整によって落ち着いている。ここ数カ月は訴えもなく、声を荒げることもない。
- ・入居後半年経った頃、「郵便局に年金が入っているはずなので下ろしに行きたい」とのことで、職員と一緒に郵便局に行った。記帳した際に、施設への支払い額を知り、愕然とした。「自宅だったら、住宅費や光熱費・食費を払っても、数万円残って、自分のお小遣いもあった。（施設の支払いがあると）次男にお金を送ることもできない」と難しい顔で言った。それ以来、お金が気になり、月に1回記帳に行き、施設への支払い額を確認している。

項目3【理解・行動】の計画必要度	①　2　3

4. ベッド上・立ち上がり・移乗動作等【項目4】

《希望や悩み》

■本　　　人	①希望	☑あり（立ち上がりの時に痛くないようにしたい　　　　）	□不明	□なし
	②悩み	☑あり（立ち上がりの時に膝が痛いことがある　　　　　）	□不明	□なし
■家族希望		☑あり（膝に負担をかけないようにして欲しい　　　　　）	□不明	□なし

《介護予防の取り組みへの意向》

■本　　人　希望　□あり（　　　　　　　　　　　　　　　　　　　　　）	□不明	☑特になし
■事業所側の基本方針（　　　　　　　　　　　　　　　　　　　　　　　　　　　　）		

《ベッドでの動作》

寝具等	□介護ベッド　☑一般ベッド　□布団 【付属品】　①㋑サイドレール　②移動バー　③立位保持バー 　　　　　　④その他（　　　　　　　　　　　　　　　　　　　　　　　　　　　） 【ベッドの床からの高さ】（　　　　）cm
寝返り	☑自立　□何かにつかまればできる　□できない　□不明
起き上がり	☑自立　□何かにつかまればできる　□できない
座位保持	☑自立　□何かにつかまればできる　□できない
立ち上がり	□自立　☑何かにつかまればできる　□できない
立位の保持	□自立　☑何かにつかまればできる　□できない

《その他立ち上がり・立位保持・移乗動作》

立ち上がり（椅子から）	□自立　☑何かにつかまればできる　□できない
立ち上がり（ソファー）	□自立　☑何かにつかまればできる　□できない
移乗動作 ベッドから車いす 車いすから椅子・ソファー	□自立　☑何かにつかまればできる　□できない 介助内容（　　　　　　　　　　　　　　　　　　　　　　　　） 介助頻度（　　　　　　　　　　　　　　　　　　　　　　　　）

《担当者の所見／生活の様子／特記事項》

> 立ち上がりや移乗の際は、膝の痛みのため、何かにつかまったほうが動きやすい。ベッドからはサイドレールを持って立ち上がる。

項目4【寝返り・起き上がり】の計画必要度	①	2	3

5. 移動【項目5】

《希望や悩み》

■本　　　人	①希望	☑あり（膝の痛みがないようにしたい　　　　　　　　　　　　　　　）	□不明	□なし
	②悩み	☑あり（長時間歩くと膝が痛くなる　　　　　　　　　　　　　　　　）	□不明	□なし
■家族希望		☑あり（あまり無理をしないで欲しい　　　　　　　　　　　　　　　）	□不明	□なし

《介護予防の取り組みへの意向》

■本　　　人　希望　☑あり（膝に負担がかからない程度に動く（歩く）　　　　　　　　　　　　）　□不明　□特になし
■事業所側の基本方針（　　）

《移動動作》

移動（歩行） 室内の場合	【昼間】☑自立　□一部介助（介助内容：　　　　　　　　　　　　　　　　　　　　　　　）　□全介助 　　　　福祉用具　①なし　②㋳杖（一点　　　　）　③車いす（　　　　　　　　　　） 　　　　　　　　　④歩行器（　　　　　　　）　⑤シルバ㋑カー　⑥その他（　　　　　　　） 　　　　介助の内容（　　　　　　　　　　　　　　　　　　　　　　　　　　　　　　　　　　） 　　　　その他の情報（　　　　　　　　　　　　　　　　　　　　　　　　　　　　　　　　　） 【夜間】☑自立　□一部介助　□全介助 　　　　福祉用具　①なし　②㋳杖（一点　　　　）　③車いす（　　　　　　　　　　） 　　　　　　　　　④歩行器（　　　　　　　）　⑤シルバ㋑カー　⑥その他（　　　　　　　） 　　　　介助の内容（　　　　　　　　　　　　　　　　　　　　　　　　　　　　　　　　　　） 　　　　その他の情報（　　　　　　　　　　　　　　　　　　　　　　　　　　　　　　　　　）
移動（歩行） 室外の場合	□自立　☑一部介助（介助内容：転倒に注意をして見守る。　　　　　　　　　　　）　□全介助 福祉用具　①なし　②㋳杖　③車いす　④歩行器 　　　　　⑤シルバ㋑カー　⑥その他（　　　　　　　　　　　　　　　　　　　　　　）

《担当者の所見／生活の様子／特記事項》

> その日の体調によって、杖かシルバーカーを使い分けている。本人は、できるだけ杖を使ったほうがいいのではないかと思っている（トイレは杖を使いつつ、手すりをつたっている）。しかし、杖では長距離を歩けないため、トイレ以外の時はシルバーカーを利用する。外出の際は、シルバーカーを利用し、疲れたらシルバーカーに座って休んでいる。日常の生活においては、困った様子はない。

項目5【移動】の計画必要度	1	2	③

6. 食事・調理【項目6】

《希望や悩み》

■本　　　人	①希望	□あり（	）	□不明	☑なし
	②悩み	□あり（	）	□不明	☑なし
■家族希望		□あり（	）	□不明	☑なし

《介護予防の取り組みへの意向》

■本　　　人希望　□あり（	）	□不明	☑特になし
■事業所側の基本方針（			）

《食事準備・摂取状況等》

調理	□自立　☑職員と一緒　□やらない（職員対応） 【頻度】①ほぼ毎食　②1日2回程度（　　　）③1日1回（　　　） ④その他（　　　　　　　　　　　　　　　　　　　　　　　　　　　） 【注意点】（　　　　　　　　　　　　　　　　　　　　　　　　　　　）
配膳や 後片付け	盛り付け　□自立　☑職員と一緒　□行わない（職員対応） 配　　膳　☑自立　□職員と一緒　□行わない（職員対応） 後片付け　☑自立　□職員と一緒　□行わない（職員対応）
火の取り扱い	□自立（Ⓘ Ⓗ・ガス・電気）　☑職員と一緒　□やらない
食事摂取	【動作】☑自立　□見守り　□一部介助　□全介助 食事中の様子（他の人が食べ始めたら食べる。自分だけが食べる時は居室で食べる　　） 食事用具　①お箸　②スプーン　③その他（　　　）（　　　） 介助方法　（　　　　　　　　　　　　　　　　　　　　　　　　　） 介助頻度　（　　　　　　　　　　　　　　　　　　　　　　　　　）
食事場所 （好む場所）	①食卓　②ソファー　③部屋内　④ベッド（布団）上 ⑤その他の食事場所（　　　　　　　　　　　　　　　　　　　　　　）
食事体制	①1人で食べたい　②みんな大勢で　③その他（1人でも大勢でも構わない　　）
食事回数 （平均）	①3食　②2食　③1食　④その他（　　食）
食事時間 （希望）	（　　）時頃／（　　）時頃／（　　）時頃／　その他（　　　　　） 所要時間：（20～30）分ぐらい
好きな食べ物	酢の物、魚（生、焼き、煮付け、揚げ物など何でもよい）、プリン
嫌いな食べ物 （禁食含む）	肉
菓子類嗜好等	かんきつ類（特にみかん）

《担当者の所見／生活の様子／特記事項》

（入居前は自立していた）入居後は「自分は体が悪くてできない」との発言や周りへの気遣いからか調理はすべて職員に任せていた。「自宅に帰って暮らす」と話すようになってから、職員が調理を一緒に始める声かけをしてから台所に立つようになる。現在は、すべて買い物から調理まで行うことはないものの、献立から調理片付けまで一通り関わっている。
「肉は噛み切れないため苦手」と言う。ひき肉や薄切り肉なら大丈夫である。

項目6【調理・食事】の計画必要度	1	2	③

7. 排泄【項目7】

《希望や悩み》

■本　　　人	①希望	□あり（	）	□不明	☑なし
	②悩み	□あり（	）	□不明	☑なし
■家族希望		□あり（	）	□不明	☑なし

《介護予防の取り組みへの意向》

■本　　　人希望　□あり（	）	□不明	☑特になし
■事業所側の基本方針（			）

《失禁の状態》

失禁の有無	尿失禁　☑あり（腹圧性　　　）　□なし 便失禁　□あり（　　　　　　　）　☑なし

《排泄の状況等》

排泄 （排尿）	昼間	【動作】☑自立　□一部介助　□全介助 【排泄場所】①トイレ　②Ｐトイレ　③尿器類　④オムツ類使用 　　　　　オムツ等の種類（紙パンツ・尿取りパッド　○○メーカー　　　） 【介助方法】（　　　　　　　　　　　　　　　　　　　　　　　　　） 【介助頻度】（　　　　　　　　　　　　　　）尿意　①あり　②不明　③なし
	夜間	【動作】☑自立　□一部介助　□全介助 【排泄場所】①トイレ　②Ｐトイレ　③尿器類　④オムツ類使用 　　　　　オムツ等の種類（紙パンツ・尿取りパッド　○○メーカー　　　） 【介助方法】（　　　　　　　　　　　　　　　　　　　　　　　　　） 【介助頻度】（　　　　　　　　　　　　　　）尿意　①あり　②不明　③なし
排泄 （排便）	昼間	【動作】☑自立　□一部介助　□全介助 【排泄場所】①トイレ　②Ｐトイレ　③尿器類　④オムツ類使用 　　　　　オムツ等の種類（紙パンツ・尿取りパッド　○○メーカー　　　） 【介助方法】（　　　　　　　　　　　　　　　　　　　　　　　　　） 【介助頻度】（　　　　　　　　　　　　　　）便意　①あり　②不明　③なし
	夜間	【動作】☑自立　□一部介助　□全介助 【排泄場所】①トイレ　②Ｐトイレ　③尿器類　④オムツ類使用 　　　　　オムツ等の種類（紙パンツ・尿取りパッド　○○メーカー　　　） 【介助方法】（　　　　　　　　　　　　　　　　　　　　　　　　　） 【介助頻度】（　　　　　　　　　　　　　　）便意　①あり　②不明　③なし
その他の要因 特記事項		

《担当者の所見／生活の様子／特記事項》

尿意、便意ともあり。自分でトイレに向かう。立ち上がりの際に、尿漏れがあるため、失禁パンツにパッドを使用していた。以前、下痢の時にパンツを汚し、それ以来、安心のため紙パンツを使用している。職員は声かけ等は行っていない。

項目7【排泄】の計画必要度	①	2	3

8. 入浴【項目8】

《希望や悩み》

■本　　人	①希望　☑あり（2日に1回は入りたい　　　　　　　　　　　　　）□不明　□なし ②悩み　☑あり（背中など洗いにくいところは洗って欲しい　　　　）□不明　□なし
■家族希望	□あり（　　　　　　　　　　　　　　　　　　　　　　　　　　　）□不明　☑なし

《介護予防の取り組みへの意向》

■本　人　希望　□あり（　　　　　　　　　　　　　　　　　　　　　　　　　）□不明　☑特になし ■事業所側の基本方針（　　　　　　　　　　　　　　　　　　　　　　　　　　　　　　　　　　）

《入浴》

入浴頻度等	①好き　②不明　③あまり好きではない　④嫌い 【入浴頻度】①毎日　②週（ 3 ）回程　③その他（　　　　　　） 【設定温度】（40～41）度
入浴特記 嫌いな理由等	入浴にかける時間は約40分（脱衣室に入ってから出てくるまで）
入浴場所	①ユニット内浴室　②その他（　　　　　　　　　　）
お湯の準備等	□自立　□職員と一緒　☑職員
浴槽の出入り	□自立　☑見守り　□一部介助　□全介助 介助方法（　　　　　　　　　　　　　　　　　　　　　　　　　　　）
入浴の形態	①浴槽につかる　②シャワーが多い ③その他（　　　　　　　　　　　　　　　　　　　　　　　　　　　）

第5章 事例で学ぶグループホーム計画書のつくりかた

入浴補助具	①シャワーチェア（○） ②簡易手すり ③その他（ ）
洗身	□自立 □見守り ☑一部介助 □全介助 □その他（ ） 介助方法（コールがあったら浴室に行き背中を洗う ）
洗髪	☑自立 □見守り □一部介助 □全介助 □その他（ ） 介助方法（ ）

《担当者の所見／生活の様子／特記事項》

- 2日に1回は入浴している（この夏場は毎日だった）。夕食を食べ終わると、浴室に行って、入っている人がいるかどうかを確かめる。いなければ、着替えを準備して、職員に「お風呂に入ります」と声をかけて入浴する。人が入っていたら、「空いたら教えてください」と職員に声をかけ、居室で待つという流れ。
- 入浴の準備は、「（自宅と勝手が違い）できない」と職員に任せている。しかし自宅復帰を考え、自分で行う気持ちはある。
- 背中の洗身のみ職員が介助している（コールで呼ばれる）。

項目8【入浴】の計画必要度	1	2	③

9. 着替え・洗面【項目9】

《希望や悩み》

■本　人	①希望　□あり（ ）	□不明	☑なし
	②悩み　□あり（ ）	□不明	☑なし
■家族希望	□あり（ ）	□不明	☑なし

《介護予防の取り組みへの意向》

■本　人　希望　□あり（ ）	□不明	☑特になし
■事業所側の基本方針（ ）		

《衣類の着脱》

衣類の選択	☑自分で選んで取り出す　□自分で取り出すが上下の洋服（色やバランス）がそろわない □しない　□その他（ ）
好みの服装	☑あり（ ）　□特になし
着脱の行為	☑自立　□見守り（声かけ等）　□一部介助　□全介助 介助方法（ ）

《歯磨き等》

歯磨き	☑自立　□声かけ　□一部介助　□全介助　□その他（ ） 【義歯】①あり（○）（ ）　②なし 【介助方法】（ ）
整髪	☑自立　□声かけ　□一部介助　□全介助　□その他（ ） 介助方法（ ）
爪きり	☑自立　□声かけ　□一部介助　□全介助　□その他（ ） 介助方法（ ）
洗顔	☑自立　□声かけ　□一部介助　□全介助　□その他（ ） 介助方法（ ）

《担当者の所見／生活の様子／特記事項》

　もともと几帳面な性格で、朝起きたら、まず洗顔・整髪をする。歯磨きは朝食後にしている。衣類は自分で選ぶ。居室内にパイプハンガーを置いて、その時期に着るものをかけている。自宅に衣類を置いてきているので、衣類は全部合わせて衣装ケース2個分である。

項目9【衣類の着脱】の計画必要度	①	2	3

事例4

10. 家事・IADL【項目10】

《希望や悩み》

■本　　人	①希望	☑あり（家に帰って暮らしたい　　　　　　　　　　）	□不明	□なし
	②悩み	□あり（　　　　　　　　　　　　　　　　　　　）	□不明	□なし
■家族希望		□あり（　　　　　　　　　　　　　　　　　　　）	☑不明	□なし

《介護予防の取り組みへの意向》

■本　　人　希望　☑あり（家に帰れるよう何でもやりたい　　　　　　　　　　　　　　）	□不明　□特になし
■事業所側の基本方針（本人主導で家事が行えるように支援していく　　　　　　　　　　　　　　　　　　　　　　　　）	

《部屋の環境等》

【居室内の間取り】

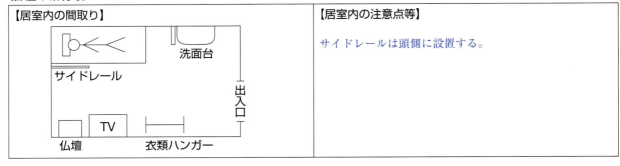

【居室内の注意点等】

サイドレールは頭側に設置する。

《家事動作等》

家事項目	介助動作の範囲等
掃除	☑自立　□職員と一緒　☑職員　□家族等　□その他（　　　　　） ①範囲（居室内　　　　　）②頻度（週2〜3回　　　　　　） ③用具（クイックルワイパー　）④備考（週に1回職員が掃除機をかける　　　　　　）
洗濯 （干す・たたむ）	☑自立　□職員と一緒　☑職員　□家族等　□その他（　　　　　） ①範囲（　　　　　　　　　）②頻度（洗濯物がカゴに溜まったら） ③用具（　　　　　　　　　）④備考（　　　　　　　　　　　　　　）
火の取り扱い （調理以外）	□自立　□職員と一緒　☑職員　□家族等（　　　　　　　　） ①範囲（　　　　　　　　　）②頻度（　　　　　　　　　） ③用具（　　　　　　　　　）④備考（　　　　　　　　　）
部屋の戸締り	☑自立　□職員と一緒　□職員　□その他（　　　　　　） 時間（朝：起床時　）（夜：就寝前　）（その他：　　　　）
電話をかける・話す	□自立　□職員付き添い　☑使わない
冷暖房管理	☑自立　□職員　□その他（　　　　　　　　　） 好む室温（ 25 ）度
来客の対応	□する　☑しない

※買い物・入浴準備等の家事動作については入浴等の項目に記載

《担当者の所見／生活の様子／特記事項》

・家事全般、自分でできることは自分でする。
　掃除に関しては、掃除機がけを職員に任せている。頻度は、自宅にいた時と同じ1週間に1回。それ以外は、本人がクイックルワイパーで床を拭いている。ゴミ箱に溜まったゴミは、掃除機をかけるときに職員が捨てている。本人がキッチンにあるゴミ箱に捨てることもある。
　洗濯は、自宅では下着などは自分でしていたが、ヘルパーがすることが多かった。入居後、下痢で失禁パンツを汚し、職員に洗濯を頼んでから、洗濯物が溜まったら職員に洗濯を頼むようになった。時々、下着を洗面で洗っている。
　電話は、全く使わない。次男からの連絡はメール（職員が印刷する）またはFAXである。本人から次男へはFAXまたは手紙を利用する。

項目10【家事】の計画必要度	1	2	③

11. 生活の質【項目 11】

《希望や悩み》

■本　　　人	①希望	☑あり（月命日にお供えをしたい。お供えは買ってきて欲しい　　）	□不明	□なし
	②悩み	□あり（　　　　　　　　　　　　　　　　　　　　　　　　　）	☑不明	□なし
■家族希望		☑あり（あまり無理を言わないで欲しい　　　　　　　　　　　）	□不明	□なし

《介護予防の取り組みへの意向》

■本　　　人　希望　□あり（　　　　　　　　　　　　　　　　　　　　　　　　　　　　　　　　　　　）	□不明	☑特になし
■事業所側の基本方針（　　）		

《生活の自立度》

生活範囲	□公共機関利用で外出　　①独りで　　②付き添い（　　　　　　　　　　） ☑事業所周辺　　①独りで　　②付き添い（職員　　　　　　　） □室内中心の生活　　□部屋内の生活中心　　□ベッド上の生活中心

《生活の行動範囲やこだわり》

買い物先 （スーパー・ デパート等）	【頻度】□毎日　□（　　）曜日　☑週1～2回（　　　　　　） 　　　　□月　　回（　　　）　□その他（　　　　　　　　　） 【店名・場所】（K衣料品店　　　）（　　　　　　　　　　） 　　　　　　　（Sスーパー　　　）（　　　　　　　　　　） 　　　　　　　（　　　　　　　　）（　　　　　　　　　　） 【自立度】□独りで　☑付き添い（職員　　　　　　　　　） 【手　段】☑徒歩　☑車送迎　□電車　□バス　□その他（　　　　）
飲食・外食	【頻　度】□毎日　□（　　）曜日　□週　　回（　　　　　　） 　　　　　□月　　回（　　　）☑その他（外食はしない　　　） 【店　名】（　　　　　　　　　　）（　　　　　　　　　　　） 　　　　　（　　　　　　　　　　）（　　　　　　　　　　　） 【自立度】□独りで　□付き添い（　　　　　　　　　　　　） 【手　段】□徒歩　□車送迎　□電車　□バス　□その他（　　　　）
ドライブ 散　歩 （その他の 外出先）	【頻　度】□ほぼ毎日　□週（　　）回ぐらい　□月　　回ぐらい 　　　　　☑その他（1カ月に1回　　　　　　　　　） 【行き先】（M医院受診1カ月に1回）（　　　　　　　　　　） 　　　　　（　　　　　　　　　　）（　　　　　　　　　　） 【自立度】□独りで　☑付き添い（職員　　　　　　　　　　） 【手　段】□徒歩　☑車送迎　□電車　□バス　□その他（　　　　）
美　容 理　容	【頻　度】□月1回　☑その他（2カ月に1回　　　） 【店　名】（L美容室　　　　　　　） 【自立度】□独りで　☑付き添い（職員　　　　　　　　　　） 【手　段】□徒歩　☑車送迎　□車いす　□その他（　　　　　　）
信仰 （宗教）	□な　し ☑あ　り　①団体名（　　　　　　　　　　）②活動（仏壇に花や水を供える　　　　　　　　　　）
お墓参り	【頻　度】□毎日　□（　　）曜日　□週　　回（　　　　　　　） 　　　　　□月　　回（　　　）☑その他（彼岸、お盆　　　　） 【場　所】（H県K市、H県O市　　　　　　　　　　　　　　） 【自立度】□独りで　☑付き添い（姪　　　　　　　　　　　） 【手　段】□徒歩　☑車送迎　□電車　□バス　□その他（　　　　）
今後行きたい 場所等	【場所・店名】（　　　　　　　　　　）（　　　　　　　　　　） 　　　　　　　（　　　　　　　　　　）（　　　　　　　　　　）

《趣味・日課》

タバコ	□吸う　①銘柄（　　　　　）②本数（　　　）本ぐらい／1日 　　　　③喫煙場所（　　　　　　　　）④時間帯（　　　　　　　） ☑吸わない
お酒	□飲む　①銘柄・種類（　　　　　　　）②量・頻度（　　　　　　） 　　　　③飲酒の場所（　　　　　　　）④時間帯（　　　　　　　） ☑飲まない

事例 4

テレビ ラジオ	【テレビ】☑よく見る　□あまり見ない　□ほとんど見ない 好きな番組（プロ野球　　　）（大相撲　　　）（歌番組　　　　　） 【ラジオ】☑聴かない　□時々聴く　□よく聴く番組（　　　）（　　　）
趣味	□あり（　　　　　　　　　　）（　　　　　　　　　　　　　　　） 　　　（　　　　　　　　　　　　　　　）☑なし
日課	☑あり（仏壇を拝む　　　　　　）（　　　　　　　　　　　　　　） 　　　（　　　　　　　　　　　　　　　）□なし
趣味・日課の特記	

《1日の生活の様子／週間・月間予定》

日課・1日の様子	週間・月間等の様子
起床　　　　　　　　　　　　　　6— 洗顔・整髪 朝食・歯磨き 仏壇を拝む 昼食　　　　　　　　　　　　　　12— 昼寝 TV 夕食　　　　　　　　　　　　　　18— 入浴・TV 仏壇を拝む 就寝 　　　　　　　　　　　　　　　　24—	—6　月命日に餡入り餅・生花を供える 　　　　5日夫、16日長男、27日姉 —12 　　　（月曜～金曜…自宅で過ごす） 　　　（土曜～日曜…施設で過ごす） —18 —24

《その他日常生活の情報》

《担当者の所見／生活の様子／特記事項》

　居室に仏壇があり、朝晩必ず拝んでいる（入居前から拝んでいた）。普段は作り物の花を活けているが、夫・長男・姉の月命日には、必ず、餡入り餅と生花（菊）を供えている。餅と生花は命日の前日に、線香やろうそくは残りが少なくなると、職員に買ってくるように頼んでいたが、最近では一緒に買いに出ることあり。
　昼からは、毎日1～2時間昼寝をしている。TVは居室で観ている。地元球団のファンで、プロ野球中継を観ている。また、相撲も好きでよく観ている。

| 項目11【生活の質】の計画必要度 | ① | 2 | 3 |

12. その他生活の様子等（特記事項）【項目12】

《希望や悩み》

■本　　人	①希望	☑あり（自宅で生活したい　　　　　　　　　　　　　　　　　　　　）□不明　□なし
	②悩み	☑あり（施設に入居していると費用がかかる　　　　　　　　　　　）□不明　□なし
■家族希望		☑あり（できれば施設で生活して欲しい　　　　　　　　　　　　　）□不明　□なし

《介護予防の取り組みへの意向》

■本　　人　希望　☑あり（家に帰って暮らしたい　　　　　　　　　　　　　　　　　　　）□不明　□特になし
■事業所側の基本方針（自宅に帰れるよう支援していく　　　　　　　　　　　　　　　　　　　　　　　）

《その他の生活の様子》

　入居後1年経った頃、本人より「自宅で生活したい」との希望があった。理由は、「お金がかかることと気楽に生活したい」だった。「施設にいると施設への支払いで年金は残らない。しかし、自宅であれば、住宅費や光熱費・食費を引いても数万円残り、自分のお小遣いにしたり、次男へ仕送りができる」と言う。また、「自分をつけ回す人」に対して、ひとり暮らしで不安があったが、「どうせ、私について来るのだから（その人がいなくなるわけではないし）、どこで生活しても同じだと思う」という気持ちである。「施設にいればいつでも誰かがいて心強いが、やはり長い間住んだところで自分のペースで生活したい」と言う。
　次男に事情を話し、電話とメールを中心に何度も協議する。はじめは「1人で生活ができるだろうか。また、同じ

ことの繰り返しになるのではないか」と不安を隠せなかった。職員からは、グループホームに籍を置きながら自宅に戻り、必要な自宅での生活支援を整える等を提案する。以前利用していたケアマネにも相談し協力を約束。グループホーム等で行う支援内容を提示し次男も了承した。

　○月○日、次男に提示したように、ケアマネと職員が一緒に、民生児童委員・県営住宅の同じ棟の友人を訪問し本人が帰宅すること等一報を入れる。

　○月○日、本人・ケアマネ・民生委員・友人K氏L氏・訪問介護事業所C・市役所介護保険課Y氏およびグループホームT管理者と担当職員出席の下、サービス提供会議を開催する。

　確認した内容は、①本人が自宅に戻って生活をする。②次男も了解済みであること。③月〜土の朝までを自宅、土日〜月曜朝までを施設に泊まる。④訪問介護を利用する。⑤グループホーム職員も服薬確認等サービスに入る。⑤自宅での生活は何かあったらグループホーム職員に連絡。⑥日常の情報交換を密に行う。まとめ役はケアマネとする。⑦予備の鍵を民生委員が保管する。⑧1カ月後、再度サービス会議を行う（グループホームの籍を切るかを決定）。

　また、朝晩（9:00・19:00）、職員が服薬確認に来るので困ったことがあれば教えてほしいことを伝えた。同じ棟のKさんは、入居前の取り乱した本人を知っていたので、再度同じようなことが起こるのではないかと不安に思っていた。そこで、本人が取り乱したときには、施設に連絡をくれれば、いつでも職員が来ると話をすると、Kさんも「そこまで施設の方がしてくれるのなら、私も協力します。1日1回はお宅に行ってみることにします」と協力体制を整えた。

　同日夕方、サービス会議の内容を次男に報告。自宅生活に了解を得る。「よろしくお願いします」との言葉をもらう。

《担当者の所見／生活の様子／特記事項》

| 項目12【その他】の計画必要度 | 1 | 2 | ③ |

□入居後まとめ（現在の生活の様子まとめ）

アセスメント要約表

記載方法：中央の1〜3欄に○印を入れる。（入居後情報から書き写し）
　　　　　1…計画を立てない。2…今後計画を検討する。3…計画を立てる。
右の余白には、入居後情報を要約して記入する。

項目		計画必要度			要約欄
項目 1	健康状態等	1	2	③	精神安定剤を調節して、穏やかに過ごせるようになった。服薬を忘れるのではないかという不安がある
項目 2	視覚・聴覚およびコミュニケーション	1	②	3	耳が聞こえにくいが大きな声であれば聞こえる。視力も0.3であるが生活上困ったことはない。
項目 3	理解・行動	①	2	3	変わらず幻覚があるが、本人は落ち着いてきている。施設へのお金の支払いが気になっている。
項目 4	ベッド上・立ち上がり・移乗動作等	①	2	3	膝の痛みがあり、何かにつかまったほうが動きやすい。
項目 5	移動	1	2	③	トイレへは杖、他の移動はシルバーカーを使用する。困った様子はない。

項目 6	調理・食事	1	2	③	調理は職員に任せている。下膳は本人が行う。肉以外の好き嫌いはない。
項目 7	排泄	①	2	3	安心のため紙パンツ・尿取りパッドを使用している。
項目 8	入浴	1	2	③	背中は職員が洗う。浴槽の出入りは見守り。夕食後に入浴する。
項目 9	着替え・洗面等	①	2	3	几帳面で洗顔・整髪・歯磨きは決まった時にする。衣類は自分で選んで着替える。
項目 10	家事・IADL	1	2	③	1週間に1回掃除機を職員がかける。他は本人が床を拭く。洗濯は、溜まったら職員が洗濯する。
項目 11	生活の質	①	2	3	朝晩仏壇を拝む。月命日には、餡入り餅と生花を供える。
項目 12	生活の様子特記その他	1	2	③	月～金は自宅で、土日は施設で過ごす。朝晩に、安否確認も兼ね、職員が服薬確認に行く。火木金はヘルパーが訪問。近所の方の見守りあり。本人の状況を把握するために、ケアマネと1日1回は連絡を取る。

ミニコラム⑮～自宅復帰の実現へ必要不可欠な要素～

　Fさんの自宅復帰への支援は、正直なところ、入居への支援より難しいかもしれません。自宅復帰に限らず、利用者のニーズを具現化するためには、達成するのに不可欠な要素を備える、乗り越えなくてはならない壁を乗り越える、その2つを同時に上手く行えることが必要なのではないでしょうか。

　①事業者（グループホーム）としての理念や方針として「自宅復帰も含めた自立支援」を目指していること
　②利用者本人の自宅復帰を願う（強い）意思があること
　③職員は利用者のニーズを実現するために努力を惜しまないこと
　④職員は利用者サービスを行う上で、敏速な動きができること
　⑤家族の理解と協力が得られること
　⑥利用者・家族・事業者（職員）が同じ意思を持つこと
　⑦日常からの家族との関係作り（支援体制）に力を入れていること
　⑧職員に利用者の思いを家族等に伝えるソーシャルワーク力があること
　⑨自宅復帰後の実際の生活が可能かどうかを見極められること
　⑩自宅復帰後の生活支援の体制が作れること
　⑪地域（社会資源の活用）の理解・協力を得られるような体制作りができること
　⑫自宅復帰後、グループホームおよび職員が必要な支援が行えること

　など、自宅復帰に限らず、利用者のニーズを叶えるには、考えることもやるべきことも山ほどあるのです。

☐認知症対応型共同生活介護計画（1）
☑介護予防認知症対応型共同生活介護計画（1）

初 回 ・ 継 続 ・ ㊛再検討㊚　　　　　　　　　　　　　　　作成日　平成〇〇年 6 月 15 日

入居者名： F・F 様　　生年月日：M・T・Ⓢ〇〇年 4 月 30 日　　年齢：〇〇歳

入居者／家族説明相手： F・F 印　　説明日：平成〇〇年 6 月 15 日（説明者： H／J ）

計画作成担当者： H・H 印　　当介護職員： J・J 印

要介護度区分：要㊛援2・要介護1・2・3・4・5　　認定期間：平成〇〇年 3 月 1 日 ～ 平成〇〇年 2 月 28 日

本人の生活全体の意向	自宅で生活したい。困りごとや不安なことは相談して、安心して生活したい。
本人の介護サービスに対する意向	自宅で生活できるようにしてほしい。困りごとや不安を相談でき、安心して生活できるようにしてほしい。
家族の意向	自宅での生活は不安があるので、しっかりサポートしてほしい。
事業所の総合的介護サービスの方針	自宅で生活できるように支援する。困りごとや相談のできる環境を作り、安心して生活できるように支援する。 関係機関として……〇××地域包括支援センターD（担当ケアマネH）、〇訪問介護事業所C（責任者S、担当ヘルパーB）、民生委員J氏、近隣の友人K氏・L氏、△△市役所介護保険課Y氏

事業所名：　　グループホームT

介護計画書の交付を受けました。平成〇〇年 6 月 15 日　氏名：　　F　　印

☐認知症対応型共同生活介護計画（2）
☑介護予防認知症対応型共同生活介護計画（2）

入居者名： F・F 様　部屋：

ニーズや生活の現状	目標	サービスの内容等					
		サービスの項目	具体的な内容	担当者	頻度	期間
（項目：12・1・5・8・10） ＜本人＞ 自宅に帰ってもう一度ひとり暮らしをしたい。 ＜家族＞ 自宅での生活は不安があるので、しっかりサポートしてほしい。	（長期目標） 自宅での生活を続ける。 （短期目標） 自宅での生活に慣れる。	在宅生活の支援 （試験帰宅における支援）	《自宅生活の申し合わせ事項》 ①自宅復帰を目指し、自宅でのひとり暮らし試験再開は本人の意思の下、家族・事業者の合意により行う。（6月10日確認） ②自宅での生活支援のため介護支援専門員や民生委員等への協力を得る。 ③月～土曜AMで自宅。土・日・月曜朝までグループホームで暮らす。土日の帰宅は本人意思に沿う。 ④試験期間中および期間満了後に話し合う。 ⑤関係機関に報告済。	④関係者 ⑤GHケアマネ		1カ月 7/1～7/31 次回会議 7/31 15時～

			《自宅での生活》①自宅内の家事動作（調理・洗濯等）および入浴準備や入浴は本人が行う。②服薬準備と朝夕の服薬確認は「グループホーム職員」が担当する。・準備は一週間分を本人と一緒に仕分けし所定の缶ケースに保管。③服薬確認時間は9時、13時、19時頃とする。④週3回（火木金）14時から家事（主に買い物・掃除）は訪問介護事業所Cが担当。⑤通院（第4水曜10時）はグループホームT職員が付き添う。⑥③④については本人を主とし、付き添い側は見守りと安全確認。⑦夜間の相談依頼はグループホームTの宿直者で対応する。	本人GH朝夕はGH職員昼は友人C事業所GHGH	毎日9：0019：00毎日8・13・18半火水金通院7/23		
			《後方支援》①月曜10時頃自宅に送迎する。送迎後、各関係者に連絡。②土曜10時頃自宅に迎えに行く。自宅を出る前に（自宅より）関係者に連絡。③鍵の保管は2箇所とする。本人とその他関係者双方で管理する。④関係者の鍵の保管は同市営住宅内の民生委員（A氏）が管理する。⑤本人が呼び出しに応じない場合は保管鍵にて入る。⑥介護支援専門員Dは金曜14時に訪問し現状確認する。⑦毎日の訪問結果をその他の関係事業所に連絡する。（17時頃）⑧各関係者の連絡先を電話前に貼っておく。⑨夕方訪問時、ガスや火の元確認を行う。⑩非常呼び出しペンダント常備。	GHGH民生委員各担当者ケアマネ各担当者GHGHケアマネ	緊急時応答なしの時金曜日毎日毎日		
			《家族支援》①毎日20時頃、電話にて報告する。	GH			
（項目：5/6）<本人>意向は不明（ただし、自宅復帰に向けて食事の準備をひとりで行う）。<職員>食事の準備をひとりで行う。入居前は自立していた。買い物も近所のスーパーに徒歩で行く。歩行時の膝の痛みが心配である。	（短期）食事準備の習慣をつける。（長期）自宅での自立生活。	食事・調理の配慮	①朝食は本人ひとりで準備し片付ける。朝食はパン中心。②昼食と夕食準備は職員が一緒に行う。主は本人とする。③献立は本人が決める。④買い物は（原則）徒歩にてスーパーに出かける。歩行時の安全確認。⑤買い物は本人が選ぶ・会計等行う。職員は見守る。⑥歩行時の安全確認と確保に努める。	本人本人/職員本人本人/職員本人職員	調理時買い物時	2週間6/16～6/30	
（項目：8）<本人>入浴は1日おきに入りたい。<職員>自宅復帰に向け、準備から	（短期）入浴準備・手順に慣れ在宅復帰に備える。（短期）薬管理を行い確実に服	入浴の配慮健康状態等の配慮	①入浴の日にち・時間は本人が決める。②入浴日の「お湯はり」等すべて本人が行う。職員は一連の動作を見守る。③入浴前・入浴後に不安な点の有無を確認する。④③で不安要素はすぐに改善。職員はすぐに改善できるよう支援する。⑤脱衣室に入ったのち40分経過しても	本人本人職員職員職員	入浴時		

入浴までひとりで行う。 (項目：1) ＜本人＞ 服薬を忘れるのではないか不安（自宅復帰に向けて自己管理する）。 ＜職員＞ 職員管理から本人管理に移行する。	薬する。 (長期) 自宅での自立生活。		出てこない場合は訪室する。 ①薬の仕分け（日付記入・セット）を本人と一緒に行う。 ②薬の管理は部屋内にて本人が主で行う。 ③服薬確認と残数確認を職員が行う。残数確認は夕食後に居室にて。	本人 担当職員 本人 職員	服薬時 夕食後	2週間 6/16～ 6/30 2週間 6/16～ 6/30

第6章

グループホームにおける デイサービス事業と ショートステイ事業展開

　グループホームにおけるデイサービスおよびショートステイには、利用者のできること、やろうとする意欲を尊重し支援するという特長が挙げられます。例えば、家事などの生活動作を職員がすべて行うのではなく、利用者がひとりでできるような環境がグループホームにはあります。利用者ひとりでの動作を尊重することができ、見守りが行いやすい、また、一緒に何かをすることで主体的な生活動作を行う機会を増やしやすいなどの特性があります。

　ここでは、その意義と特長を解説していき、「共用型認知症対応型通所介護計画」（デイサービス）および「短期利用共同生活介護計画」（ショートステイ）の記入例を掲載しています。グループホームを活用した事業展開の参考にしてください。

① 事業展開の意義

グループホームに入居を考えている家族等の思い

　グループホームにおけるデイサービス事業とショートステイ事業展開の意義について、家族や利用者の思いを通じて考えます。

　グループホームは入居サービスです。家族（や利用者）の思いは、「すぐにでも入居したい……」と考えている方もいれば、「入居を考えているけど、親は嫌がるだろうから、自宅でもう少し頑張る」「入居？……そこまではまだ考えていないけれど、将来のために見学はしたい」……と思う方など様々です。

　入居を考えている家族であっても、いきなり入居となると、「新しい環境になじめるだろうか」「環境の変化は認知症の悪化につながると聞くし……」など少なからず不安を感じている家族や利用者が多いです。実際、認知症の悪化の原因や認知症高齢者の不安の一つに、環境の変化が挙げられています。また、介助者（専門職）が日によってコロコロと変わることで認知症高齢者の生活が落ち着かないことも考えられます。

　家族等の心配はもっともです。こうした心配ごとや不安に対して、地域（自宅）で暮らす認知症高齢者やその家族への支援として、私たち専門職はどのような対応（関わり）ができるでしょうか。グループホームができる対応の一つとして、入居体験利用、地域住民向けの認知症や介護情報の勉強会、日常的な地域福祉の一環としてグループホームに遊びに来てもらうことなどが考えられます。グループホームそのものや、そこで働く私たち専門職との距離を少しでも近づけることで、入居することに限らず、自宅での生活の継続が図れ、いざというときに頼れ、安心できる存在（人・施設・環境）となっていくことができるのではないでしょうか。

　そのような入居への心配や不安を和らげることができる公的サービスがあります。

　グループホームのリビング等を利用した通所介護サービスと空き居室を利用したショートステイです。いずれも生活拠点は自宅であるため、利用することへの抵抗感が入居に比べて低いと考えられます。利用者及び家族が、グループホームに少しずつ慣れていける環境や時間となることでしょう。グループホーム側からすれば、近い将来の入居者となるかもしれませんし、住み慣れた地域で暮らし続けるという福祉・介護の理念や地域貢献・地域福祉の推進にもなります。

② デイサービス／ショートステイ事業におけるサービスの特長（良い面）
——利用者のニーズに応える介護計画書作成のために

　グループホームにおけるデイサービスおよびショートステイ事業展開の意義や効果は、先に解説しました。ここでは、デイサービスおよびショートステイ事業のサービスについて考えます。

　デイサービスは、類似するサービス（通所リハビリテーション、小規模多機能型居宅介護事業所）を含めると、多くはどこにでも存在する身近なサービスです。利用者や家族からすれば、1日の利用定数等の規模、立地、建物の雰囲気（一軒家風、マンションの一室、特養などと一緒にある複合施設型など）やサービスの特徴……など、選べるだけの数や違いがあります。そのような視点で考えれば、グループホーム内で行うこと自体が特徴の一つと言えるでしょう。ショートステイは、特養の併設型を中心に、単独事業で行っている事業所もあります。

　デイサービスやショートステイ事業所は、利用者サービスの専門機関なのですが、要介護状態や認知症状を有することもあり、利用者自らではなく、家族からの申し込みが圧倒的に多いのが現状です。その理由として、家族が仕事で日中不在になる、介護負担軽減、家族の休息のため……といった理由によるものが目立ちます。ということは、家族は親（利用者）との同居等を継続しようとの思いからサービス利用を決断するのですが、利用者からすれば望んでいない状態で、「ここはどこなの？」「あなたたちは誰？」「家に帰して！」といった疑問から利用が始まる可能性があります。

　こうしたサービス利用の実態を踏まえ、デイサービスおよびショートステイ事業所は、利用のいきさつはともかく、利用者と人間関係を構築し、デイ（ショート）に行ってもいいという気持ちになれるようニーズをつかむ、ニーズの実現等、利用者の生活支援に務めなくてはなりません。事業規模や立地、雰囲気は違っても、デイサービスやショートステイで行うべきサービスの基本や質（個別ケア／利用者のニーズに応える／自立支援／尊厳保持等）が備わっている、その方向で実現に向けて動いていることが事業所の務めです。

　……というのも、デイサービス事業所の中には、午前中は体操、午後からは○○レク……とプログラムが決まっていて、余暇活動的な内容のサービスばかりで、個別サービスが主ではない現状や、ショートステイ事業所の中には、短期間の利用中に事故などを起こしたくないので、なるべく歩かせないようにする事業所があり、家族からは「ショートから帰ってくると歩けなくなった……」といった話を聞くからです。

　グループホームにおけるデイサービスおよびショートステイサービスの役割や特長は何でしょうか。簡単に言えば、自宅の生活に近い環境での生活支援ができる……ということです。利用者のできること、やろうとする意欲を尊重し支援することです。家事などを上膳据膳のような生活動作ですべて職員が行うのではなく、ひとりでできる環境づくり、ひとりでの動作の尊重と見守り、一緒に何かをすることで主体的な生活動作を増やしていきやすいことなどがその良い面です。

　サービスの利用を通じて、認知症状の安定、生活意欲の向上、家族の安心が図れ、在宅生活がより長く豊かに継続できることが望ましいといえます。こうした役割を具現化できれば、いざというとき、家族（および利用者）は少しなじんできたグループホームを入居先として考えるのではないでしょうか。

ここで、具体的に考えていきます。

《食　事》

> 良い面：買い物・調理や後片付けなど自宅と同様やニーズに合わせたサービスができる！！

　一緒につくりませんか、買い物に出かけ食材を選びませんか……。自宅では、家族が買い物や調理をしてくれるという利用者であれば、主に食べることが専門になりますが、食事の支度をしている利用者であれば、キッチンを活用してつくる（一緒につくる）こともできます。自宅では自分もやりたいけれど、家族がすべてやってくれるという利用者であれば、デイやショート利用中に、"やろうとする意欲"を大切して、買い物、調理、味付け、盛り付け、後片付け等、自分自身の分だけでも具現化していくことができるのがグループホームならではの良い面です。

《入　浴》

> 良い面：利用者と１対１の対応や利用者のペースに合わせてサービスがしやすい！！

　大きいお風呂は身体が浮いてしまいそうで心配で、大勢の人がいるので落ち着かない、家庭浴槽でもひとりで入るのは不安といった利用者がいるでしょう。また、大きな施設での入浴は１週間に入れる回数や時間帯がきっちりと決まっているので、満足できない・落ち着かないわ！という利用者もいます。グループホームであれば、家庭浴であり、（基本）一人での入浴（１対１での入浴）です。また、時間や回数の制約がきつくないでしょうから、ひとりでゆっくりと入りたいなど、利用者のニーズに合わせてサービスを行うことができることがグループホームにおけるサービス提供の良い面です。

《外　出》

> 良い面：食材や日用品の買い物、その日の天候や気分に合わせて外出や散歩がしやすい！！

　グループホームは必ずしも、食材をスーパーに買い出しに行き、利用者と職員が協働で調理をしなくてはいけないわけではありませんが、その体制をとりやすい環境にはあります。また、グループホームの立地が基本的に住宅であることから、散歩に出やすい環境であるともいえます。特養や老健に比べて忙しくないといったことではありませんが、生活支援者としての視点を十分もっていれば、介護計画書上で日課となった散歩だけではなく、天候やその日の気分に合わせた臨機応変なサービス展開がしやすいのが良い面です。

《認知症の予防》

> 良い面：生活を自立動作や役割をもつことで認知症の進行を予防していける！！

　グループホームが誕生した経緯等を考えると、職員が利用者に代わってやってしまうことを最小限にとどめることができるという特徴があります。特養などでは、献立を考える、調理、掃除、洗濯、買い物といった生活動作を栄養士、調理師、掃除や洗濯担当の職員が利用者に代わって行っている施設が多いです。わずらわしいこと、利用者ができなくなってしまったことを職員が代わる分には何の問題もありませんが、利用者のやろうとする意欲があるとすれば、過剰なサービスとなるのです。グループホームおいて、職員が全面的に食事の準備をすることが悪いわけではありませんが、ユニット内の利用者の一人でも○○したい……というニーズや意欲があれば、それに応える義務があります。

　大きな施設に比べればすべての生活動作を利用者自ら、ごみを集める・ご飯の後片づけをする・自分の部屋は自分で掃除する……など、役割をもてることが最大のメリットです。一つの結果（経過）として認知症状が安定した状態で保つことができるのではないでしょうか。

事業展開の特長や効果（まとめ）

　グループホームにおけるデイサービス事業とショートステイ事業展開の特長や効果を以下にまとめます。

○生活の場で生活支援を中心としたサービスが実施できる
○職員が近い存在で安心した空間で（一時的に）生活が送れる
○認知症状を有する利用者との生活に安心感がもてる
○在宅（自宅）での生活が継続できる
○いつでも相談できるお決まりの認知症専門機関となる
○もしも……入居となった場合に、入居しても新生活がスタートしやすい
　　　　　　　　　　　　　　　　　　　　　　　　　　　　　……など

③ デイサービスおよびショートステイ用書式の特徴とグループホーム計画書書式との違い

　本書内のグループホーム計画書の書式（【書式No.1〜5】）に比べると簡素化した書式にしています。これは、グループホーム内におけるデイサービスの利用者が最大3名（※1事業所3名から1ユニット3名に見直されました）であること、事業所のリビングの広さ等の事情によって事業を開始しても1名しか受け入れが難しいといった利用者数が少ない点、ショートステイの場合は、空き部屋発生を利用して行う事業ということもあり、常時、利用者がいるとは限らず、一定期間の穴埋め的な要素がぬぐえないという点を考慮した結果です。

　ただし、利用者が少ない、利用日数が短いから簡単な内容でよいという意味ではありません。利用者が少ない、利用日数が短い……という事情で考えられるのが、アセスメントおよび介護計画の作成・更新・変更を怠ってしまうことです。

　計画作成担当者等が、作成することが苦になる要因として考えられるのが、①作成に時間がかかる、②使いやすい書式がない、③他の仕事が忙しい、④つくりかたがわからない——などで、その一つに書式の内容や分量の多さが挙げられます。

　そのため、本書ではグループホーム計画書の入居者用のフルバージョン書式よりも簡素化したのです。分量が多いと、週1日しか来ないので面倒……という気持ちにさせない書式だと考えてください。

　また、簡素化したとはいえ、本書内にはグループホーム計画書のフルバージョン書式があります。フルバージョン書式をデイサービス／ショートステイ用として使用してもよいわけです。また、他の介護計画書と比べるとデイサービス／ショートステイ用の書式は十分な分量です。

　計画書等の書き方ですが、アセスメント表には利用者のニーズを記入し、介護計画書は誰が見てもわかるサービス内容を記入する必要があります。

④ 書式の構成と使用方法について

　本書には、付録で書式を付けていますので、皆さんのアセスメントや介護計画書作成において使用してください。書式の種類は下記の通りです。
　【書式No.1～6】はこれまで通りのグループホーム入居者用のフルバージョン書式で、【No.7～10】のデイサービス／ショートステイの用の書式です。

グループホーム計画書（認知症対応型共同生活介護計画書）

【書式No.1】基本情報（アセスメント）
【書式No.2】入居前情報（入居前の自宅等での生活様子に関するアセスメント）
【書式No.3】当面の介護計画書
　　　　　　（入居前のアセスメントをもとに入居開始時から活用する簡単な介護計画書）
【書式No.4】入居後情報
　　　　　　（入居後に繰り返し活用するアセスメント書式／アセスメント要約表を含む）
【書式No.5】認知症対応型共同生活介護計画書（予防も含めた介護計画書式）
【書式No.6】介護計画モニタリング表（入居・デイサービス／ショートステイ共通書式）

デイサービス計画書／ショートステイ計画書

【書式No.7】共用型認知症対応型通所介護計画／短期利用生活介護計画　基本情報
　（デイサービス／ショートステイ共通の基本情報）
【書式No.8】共用型認知症対応型通所介護計画／短期利用生活介護計画　アセスメント表
　（デイサービス／ショートステイ共通のアセスメント表／アセスメント要約表含む）
【書式No.9】共用型認知症対応型通所介護計画書（デイサービス用介護計画書式）
【書式No.10】短期利用生活介護計画書（ショートステイ用介護計画書式）

　以上のように、本書には複数のアセスメント表や介護計画書書式が存在します。使用時に混乱しないよう使用方法について整理します。

その1：デイサービスの場合

【書式No.7】のデイサービス／ショートステイ共通　基本情報
【書式No.8】のデイサービス／ショートステイ共通　アセスメント表
【書式No.9】のデイサービス用介護計画書
【書式No.6】の入居・デイサービス／ショートステイ共通のモニタリング表を使用します

その2：ショートステイの場合

【書式No.7】のデイサービス／ショートステイ共通　基本情報
【書式No.8】のデイサービス／ショートステイ共通　アセスメント表
【書式No.10】のショートステイ用介護計画書
【書式No.6】の入居・デイサービス／ショートステイ共通のモニタリング表を使用します

その3：その他①

デイサービス／ショートステイとも、グループホーム入居者と同様に【書式No.1～6】のフルバージョン書式を使用しても構いません。

その4：その他②

デイサービス／ショートステイとも、基本情報とアセスメント表（アセスメント要約表）はデイサービス／ショートステイ用を使用し、介護計画書は【書式No.5】を使用し、より詳細にサービス内容を記載しても構いません。

⑤ アセスメント表および介護計画書の書き方について

　アセスメント表および介護計画書書式はフルバージョン書式とは分量等は違いますが、ねらいや構成する意図などは同じです。

　アセスメント（基本情報／アセスメント／アセスメント要約表）およびデイサービス／ショートステイ用介護計画書の書き方については、記入例およびフルバージョン書式の記入例（本書38～62ページ各書式の解説と記入方法）を参考にしてください。

基本情報

作成日：平成○○年△△月××日
作成者：　　　　○・○

1. 利用者本人の氏名・緊急連絡先等

フリガナ	○○○　△△△	男・㊛	M 年齢　T　○○年 10 月 10 日　（○○歳） ㊂
本人氏名	M・S		
住　所	〒○○○-○○○○ 電話：○○○-○○○-○○○○		その他：携帯△△△-△△△△-△△△△

《緊急連絡先》

第1連絡先	氏名：K・S	㊚・女　年齢（○○歳）　本人との続柄（　　夫　　）
	住所：○○県○○市・・・	
	自宅TEL：○○○-○○○-○○○○	携帯TEL：△△△-△△△-△△△△
	勤め先：	e-mail：　　　　　　　＠
	連絡方法・特記：（はじめに自宅固定電話に掛ける　　　　　　　　　　）

第2連絡先	氏名：E・E	男・㊛　年齢（○○歳）　本人との続柄（　　長女　　）
	住所：△△県△△市・・・	
	自宅TEL：○○○-○○○-○○○○	携帯TEL：△△△-△△△-△△△△
	勤め先：	e-mail：　　　　　　　＠
	連絡方法・特記：（　　　　　　　　　　　　　　　　　　　　　　）

主治医	氏名：○×先生	住　所：○○県○○市・・・
	医療機関名：○×病院　脳神経外科	
	電　話：○○○-○○○-○○○○	携帯TEL：△△△-△△△-△△△△
	その他：（　　　　　　　　　　　　　　　　　　　　　　　　）

緊急時の希望搬送先	病院名（○×大学病院　　　　）連絡先等（○○○-○○○-○○○○　）

《家族等（緊急連絡先以外）》　※ キーパーソンに○印

【家族構成】	介護		性	歳	続柄	備　考
□-●	○	K・S	男	○○	夫	
		T・S	女	○○	次女	
		E・E	女	○○	長女	
		S・S	男	○○	長男	携帯090-

「介護」欄・・・主介護者であれば◎、副介護者であれば○、協力者であれば△をつける。

2. 担当の介護支援専門員

《担当の介護支援専門員》

氏　名	S・S	事業所名：Sケアプランセンター
連絡先	電話：×××-×××-××××	FAX：×××-×××-××××
変更・備考		

3. 要介護度など

《要介護度》

	要支援 1 ・ 2 ・ 要介護 1 ・ ② ・ 3 ・ 4 ・ 5 ・ 申請中	H○○・○○・○○～H○○・○○・○○
【更新・変更】	要支援 1 ・ 2 ・ 要介護 1 ・ 2 ・ 3 ・ 4 ・ 5	H　・　・　～H　・　・

《日常自立度判定基準》

寝たきり	J₁ ・ J₂ ・ Ⓐ ・ A₂ ・ B₁ ・ B₂ ・ C₁ ・ C₂	判定日：H○○年○○月○○日
認知症状	なし ・ Ⅰ ・ Ⅱa ・ Ⓑ ・ Ⅲa ・ Ⅲb ・ Ⅳ ・ M	判定日：H○○年○○月○○日

《認知症状の確認》

確認先等	主治医　○×先生	確認書類	診断書	（書類添付）

《公的な支援制度の活用》

支援制度	□成年後見人（補助・保佐・後見・任意）　□地域福祉権利擁護　□生活保護
内容等	活用なし

《公費・手帳等》

なし

4. 生活・住宅環境

【自宅前・周辺】
・最寄駅まで本人の足で10分弱 ・駅前にスーパーあり ・マンションは傾斜地に立っている ・坂道、階段などがある

【自宅内】

居　間	台　所	浴室	
	廊　下		本人の部屋
		便所	玄関	

住宅環境	住居形態	□一軒家（　　　階）　☑アパート・マンション（　2　階）
	エレベーター	☑あり　□なし

5. 生活歴など

《生活歴》

【生まれ・出身地】○○県○○市
【家族・結婚】4人兄弟の2番目。高校卒業後○○社の工場勤務。昭和○○年結婚。夫の仕事の関係で○○年に○○県に転居し、現在に至る。
【仕事】高校卒業後○○社の工場に就職し結婚までの○年間勤務する。結婚後はスーパーのレジなどパートの仕事をいくつか勤めた。
【その他】なし

《性格》

明るい、おしゃべり

6. 現在利用している介護サービス

《利用している介護保険サービス》

サービス種類	事業所名	頻度・内容等
訪問介護	××ヘルパー事業所	月～金　一緒に買い物・調理

《利用している社会資源》

サービス種類	事業所名	頻度・内容等
なし		

7. その他

《利用の経緯》

認知症の進行により、夫や次女中心の対応が少しずつ困難（精神的にも重く）になってきた。

アセスメント表

作成日：平成○○年○○月○○日
作成者：　　　　T・S

利用者名	M・S

■生活（人生）全体の意向
《利用者の望む生き方・利用者の望む生活～どのような人生を送りたいか。生活全体に対する希望等～》

○家で暮らしたい
○できる家事は続けたい

　　※ 夫・長女・長男と同席の上で聞き取る

《本人の生活の意欲等》

生活の意欲	☑有　り　　□有る様子　　□不　明　　□無　し
家族への思い	☑有　り（　　　　　　　　　　　　　　　　　　　　　）　□不　明　□無　し 【頼りたい家族】氏名：（　　　S　　　）続柄：（ 長男 ）
家に対する思い	☑家で暮らしたい（帰りたい家は……　現在の家、田舎の家　　　　　　　　　　） □時々は帰りたい　　□不　明　　□どちらでもない
備　考	いずれ出身地の田舎（H県）に帰りたい（…と言っていた）

《家族の生活全体の意向とかかわり》

キーパーソン	氏名：K・S　　　　　　続柄：　夫
利用者への生活全体の意向	・自分でできることは続けて欲しい。

《事業所側の本人へのかかわりの全般的な基本方針や姿勢》

・自宅での生活が継続できるように支援していく。
・家事を続けられるように支援していく。

【項目1】健康状態等
《健康状態等への希望や悩み事》

■本　人　①希　望　□有り（　　　　　　　　　　　　　　　　　）☑不明　□無し
②悩み事　□有り（　　　　　　　　　　　　　　　　　）☑不明　□無し
■家　族　希　望　☑有り（元気でいて欲しい　　　　　　　　　　　）□不明　□無し

《主治医以外の通院先》

担当医名	医療機関名	診療科目	連絡先
M・M	○△病院	脳神経外	○○県△△市・・・・・
T・T	○×整形外科	整形外科	○○県××市・・・・・（現在は通院無）

《障害等》

【障害の部位】	【身体状況】
	・腰痛あり ・腰椎の圧迫骨折歴あり（通院はしていない）

《病気等》※ 既・現に○印をつける

	病　名	状態・症状等
㊝・現	腰椎の圧迫骨折	腰痛はあるが通院はしていない。腰ベルトも巻いていない
既・㊝	アルツハイマー	中程度の認知症状あり（医師より）
既・現		
既・現		

《処方されている薬／服薬方法》

薬名	服用方法等	薬名	服用方法等
アリセプト	毎朝10㍉1錠		

《アレルギー・禁飲食関係》

☐あり（　　　）　☑なし

《担当者の所見／生活の様子／特記事項》

・認知症状の進行を緩やかにするためにも、腰痛に気をつけながら、できている家事等を続けられるように生活支援を中心に支援する。
・アリセプトはカレンダーに貼りつけ、本人が取り服用しているが、忘れることがある。
・ショート利用の場合は、アリセプトもカレンダーを持参してもらい自宅と同じ環境を作る。

項目1【健康状態等】の計画必要有無	1	2

【項目2】ADL・IADL

《ADL・IADLへの希望や悩み事》

■本　人　①希　望　☐有り（　　　　　　　　　　　　　　　　　　　　　　　　　　　　　　　　　）　☑不明　☐無し
　　　　　②悩み事　☐有り（　　　　　　　　　　　　　　　　　　　　　　　　　　　　　　　　　）　☑不明　☐無し
■家　族　希　望　☑有り（できていることは続けて欲しい。夜間一回でもトイレに連れて行って欲しい）　☐不明　☐無し

《ADL・IADL その1～移動～》

項目	状態 等
ねがえり	☑自立　□何かにつかまり自立　□一部介助（　　　　　　　　　　　　　　）　□全介助
起き上がり	☑自立　□何かにつかまり自立　□一部介助（　　　　　　　　　　　　　　）　□全介助
立ち上がり	☑自立　□何かにつかまり自立　□一部介助（　　　　　　　　　　　　　　）　□全介助
座位保持	☑自立　□何かにつかまれば自立　□一部介助（　　　　　　　　　　　　）　□全介助
移動（歩行等）	☑自立　□室内は自立　□一部介助（　　　　　　　　　　）□全介助（歩行不可） 福祉用具　杖（　　　　　　　　）・歩行器・シルバーカー・車いす（　　　　　　　） 夜間やその他（　　　　　　　　　　　　　　　　　　　　　　　　　　　　　　　）
（車いす）移乗	□自立　□見守り　□一部介助（　　　　　　　　　　　　　　　　　　　）□全介助
送 迎	☑あり　□なし（家族送迎等） 送迎ポイント（マンション階段下　　　　　）送迎留意点（雨の時は自宅内待機で電話連絡　）

《ADL・IADL その2～食事～》

項目	状態 等
食事準備	□自立（自炊している）　□時々している（　　　　　　　　　　　　　　　　　） ☑手伝うことはある（自分で作ろうとするが、手順がわからない　　　　　）　□しない
食事形態	【主食】☑普通食　□お粥（　　　　　　）□パン食　□その他（　　　　　　　） 【副食】☑普通食　□刻む（　　　　　　　　　）□その他（　　　　　　　　　） 【備考】（　　　　　　　　　　　　　　　　　　　　　　　　　　　　　　　　　）
食事動作	☑自立　□一部介助（　　　　　　　　　　　　　　　　　　　　　　）□全介助 補助具等：㊛・スプーン・フォーク・補助具（　　　　　　）食事時間：（　60　）分程
口腔（歯磨き）	□自立　☑一部介助（声を掛け・歯ブラシを渡すと自分で磨く　　　　　）□全介助 歯の状態：㊛自分の歯　・　総義歯　・　部分義歯（　　　　　　）・その他（　　　　）

《ADL・IADL その3～入浴～》

項目	状態 等
入浴準備	□自立　□一部自分で準備（　　　　　　　　　　　　　　　　　　　　　）☑しない ①好みの温度（自立時は42度、現在は40度　）②その他（ドライヤーは介助　　）
入浴動作	□自立　☑一部介助（声を掛けると入るが、自分でどこまで洗えているか不明。自宅では一日おき）□全介助 □入りたくない（拒否がある）

《ADL・IADL その4～排泄～》

項目	状態 等
排泄（昼間）	□自立　☑一部介助（誘導必要、ペーパーも渡す　）□全介助（　　　　　　） ①失禁　☑あり（　　　　　　　）□なし　②オムツ類等（下着に尿パッド　　）
排泄（夜間）	□自立　□一部介助（　　　　　　　　　　　　）☑全介助（　　　　　　　　） ①失禁　□あり（　　　　　　　）□なし　②オムツ類等（テープ型＋パッド　）

《ADL・IADL その5～着替え等～》

項目	状態 等
着替え準備	□洋服は自分で選ぶ　□（　　　　）と一緒に選ぶ　☑（家族が準備　）選ぶ
着替え動作	□自分で着替える　☑（家族　）に一部手伝ってもらう（服を渡す　　）□全介助
通所日の準備	□着替え自立・送迎場所まで向かう　　□着替えは自立・送迎場所に付き添いあり ☑着替え介助・送迎場所付き添いあり　□その他（　　　　　　　　　　　　　　）

《ADL・IADL その6 〜その他家事〜》

項目	状態 等
掃　除	□自立　　□一緒に行う　　☑家族等　　□その他（　　　　　　　　　　　　　　）
洗　濯	□自立　　□一緒に行う　　□家族等　　☑その他（目の前にあれば畳もうとする　）
買い物	□自立　　□一緒に行う　　□家族等　　☑その他（毎日買い物に行く・行こうとする）
その他	【　　　】□自立　□一緒に行う　□家族等　□その他（　　　　） 【　　　】□自立　□一緒に行う　□家族等　□その他（　　　　） 【　　　】□自立　□一緒に行う　□家族等　□その他（　　　　）

《担当者の所見 / 生活の様子 / 特記事項》

【移　動】現状問題なし
【食　事】買い物に行く、調理をしようとする意欲を利用中も大切に支援する。食べることは自立
【入　浴】一日おきに見守り介助中心に支援する。声を掛けて洗体・洗髪が自力でできるように支援する
【排　泄】排泄の失敗を少なくできるように、夜間も含めトイレ誘導など支援する
【着替え】職員が一緒に服を選び、着替えの支援する
【その他】洗濯も一緒に畳むなど支援する

項目2【ADL・IADL】の計画必要有無	①　　2

【項目3】コミュニケーション及び理解・行動等

《コミュニケーションおよび理解・行動等への希望や悩み事》

■本　人　①希　望　□有り（　　　　　　　　　　　　　　　　　　　　　　）☑不明　□無し
　　　　　②悩み事　□有り（　　　　　　　　　　　　　　　　　　　　　　）☑不明　□無し
■家　族　希　望　☑有り（認知症の進行が気になる　　　　　　　　　　　　）□不明　□無し

視　力	☑普通　　□大きな字なら可　　□視野が限られている（　　　　　　　）□見えない 眼鏡　☑あり（特徴等：置き忘れることがある　　　　　　　　　　　　）□なし
聴　覚	☑普通　　□大きな声なら可　　□あまり聞こえない　　□聞こえない（左・右）□不明 補聴器　□あり（使い方等：　　　　　　　　　　　　　　　　　　　　）□なし
意思疎通	□普通　　☑時々通じる　　□困難（反応がない） その手段：㊦語・筆談・身振り手振り・その他（　　　　　　　　　　）

行動		行動内容	介護者等の対応
	1. 作話　☑なし　□あり（　　　　　　　　　）		
	2. 妄想　☑なし　□あり（　　　　　　　　　）		
	3. 幻覚　☑なし　□あり（　　　　　　　　　）		
	4. 異食　☑なし　□あり（　　　　　　　　　）		
	5. 暴力等　☑なし　□あり（　　　　　　　　）		
	6. その他気になる行動	（スーパー以外の外出　　　　）	止めると興奮する
		（　　　　　　　　　　　　　）	
		（　　　　　　　　　　　　　）	
		（　　　　　　　　　　　　　）	

《担当者の所見 / 生活の様子 / 特記事項》

・スーパーへの買い物以外に不意の一人で外出しようとする。夫、次女が止めると興奮することがある。その場合は、ついて行くか、長男に電話して話すと落ち着く。

項目3【コミュニケーション及び理解・行動】の計画必要有無	1　　2

【項目4】生活の質（ライフスタイル）

《生活の質への希望や悩み事》

■本　人	①希　望	□有り（	）	□不明	□無し
	②悩み事	□有り（	）	□不明	□無し
■家　族	希　望	□有り（	）	□不明	□無し

《自宅での生活様子》

6	9	12	15	18	21	24

《生活の質（日課・趣味等）》

日　課	（買い物に出る）（台所に立つ）（　　　）
趣　味	ⓒ現・昔／うた・コーラス）（現・昔／　　）（現・昔／　　）
外　出	☑好　き　□余り好きではない　□嫌　い ☑良く出掛ける　□あまり出掛けない　□殆ど出掛けない 好きな外出先（××スーパー　　）（近所を散歩　　）（　　　）
タバコ	□吸う　時間帯等（　　　）☑吸わない
その他	洋服やオシャレ好き

《担当者の所見／生活の様子／特記事項》

- 部屋でCDをかけて音楽を聴いたり、歌詞カードを見ながら歌を口ずさんでいた。認知症が進行してからは、自分ではかけなくなった。
- 洋服やオシャレ好き（⇒項目2 その5へ）

項目4【生活の質】の計画必要有無　　①　2

【項目5】家族の支援

《家族の支援への希望や悩み事》

■本　人	①希　望	□有り（	）	☑不明	□無し
	②悩み事	□有り（	）	☑不明	□無し
■家　族	希　望	□有り（	）	□不明	☑無し

《主介護者等の役割・状態等》

	主介護者	副介護者
氏　名	（K・S　　　）年齢：○○歳	（T・S　　　）年齢：○○歳
世　帯	☑同居　□別居　□その他（　）	☑同居　□別居　□その他（　）
健康状態	☑普通　□あまり良くない　□良くない	☑普通　□あまり良くない　□良くない
介護状況	朝・昼の食事の準備、洗濯、トイレ介助	夕食準備、掃除、洗濯、入浴介助
困難な介護場面	入浴、不意の外出対応、便失禁	入浴、不意な外出対応、便失禁
解決したい状態		

《家族への配慮・支援》

| 配慮すること | □あり（　　　） | ☑今のところなし |
| 支援すること | □あり（　　　） | ☑今のところなし |

《その他の介護者の状況》

氏　名	介護状況等
E・E	長女、別居、通院介助
N・S	長男、別居、不定期な介助

《担当者の所見 / 生活の様子 / 特記事項》

- 介護計画に立案することはないが、現在利用している訪問介護以外に、デイやショートを利用することで、家族の不安等の軽減に務める。
- 来年の春には、別居中の長男宅で同居を開始する予定。サービス利用をその時点までの予定。

項目5【家族の支援】の計画必要有無	1	②

【項目6】その他の情報 / まとめ

- 特になし
- 来春（4月）には長男宅で同居開始予定

《担当者の所見 / 生活の様子 / 特記事項》

特になし

項目6【その他】の計画必要度	1	②

アセスメント要約表

項目NO	項目	サブ項目	作成有無		アセスメント要約
項目1	健康状態等		①	2	・アリセプトはカレンダーに貼りつけ、本人がとり服用しているが、忘れることがある。
項目2	ADL・IADL その1	移動			・現状問題なし。
項目2	ADL・IADL その2	食事			・買い物に行く、調理をしようとする意欲を利用中も大切に支援する。 ・食べることは自立。
項目2	ADL・IADL その3	入浴	①	2	・入浴するがどの程度洗っているかは不明。 ・一日おきに見守り介助中心に支援する。 ・声を掛けて洗体・洗髪が自力でできるように支援する。
項目2	ADL・IADL その4	排泄			排泄の失敗を少なくできるように、夜間も含めトイレ誘導など支援する。
項目2	ADL・IADL その5	着替え			・職員が一緒に服を選び、着替えの支援する。 ・洋服やオシャレ好き。
項目2	ADL・IADL その6	その他家事			・洗濯物があると畳もうとする。 ・洗濯も一緒に畳むなど支援する。
項目3	コミュニケーション及び理解・行動		①	2	・スーパーへの買い物以外に一人で外出しようとする。夫、次女が止めると興奮することがある。
項目4	生活の質		①	2	・部屋でCDをかけて音楽を聴いたり、歌詞カードを見ながら歌を口ずさんでいた。認知症が進行してからは、自分ではかけなくなった。
項目5	家族の支援		1	②	・現在利用している訪問介護以外に、デイやショートを利用することで、家族の不安等の軽減に務める。 ・来年の春には、長男と同居予定。
項目6	その他		1	②	・なし

第6章　グループホームにおけるデイサービス事業とショートステイ事業展開

☐共用型認知症対応型通所介護計画書

作成日：平成○○年○○月○○日

利用者名：　M・S　様　　　　　　　生年月日：M・T・Ⓢ　○○年○○月○○日　　○○歳

説明相手：　K・S　E・E　印　　　　説明日：平成△△年△△月△△日

計画作成担当者：　○・○　印　　　　担当介護職員：　△・△　印　　×・×　印

要介護認定区分：要支援1・2 要介護1・②・3・4・5　　認定期間：平成○○年○○月○○日～平成○○年○○月○○日

【利用者の生活（人生）全体意向／サービスに対する意向】
- 家で暮らしたい
- できる家事は続けたい

【事業所の総合的介護サービスの方針】
- 自宅での生活が継続できるように支援していく
- 家事を続けられるように支援していく

項目	ニーズや現状	目標	具体的なサービス内容	担当者	頻度	期間
健康状態等	アリセプトはカレンダーに貼りつけ、本人がとり服用しているが忘れることがある。	認知症も含め健康状態・自立動作および生活意欲の維持を図る。	○ADL・IADL動作を自力で行う。 ○やろうとする動作を大切にし、一緒に行う等する。	本人 全職員	家事動作の都度	○／○ ～ ○／○
ADL・IADL その1・移動		現在行っている生活の自立動作の維持。半年後もできる・続けられている。	・計画なし			
ADL・IADL その2・食事	買い物に行く、調理をしようとする意欲を利用中も大切に支援する。		○昼食調理、他利用者と職員と一緒に行う（必ず職員が付く）。 ○昼食等の配膳・下膳は一緒に行う。 ○湯呑洗浄は本人が行い、職員は見守る。	本人と遅番者介護職員	昼食前 昼食時 飲用後	○／○ ～ ○／○
ADL・IADL その3・入浴	一日おきに見守り介助中心に洗体・洗髪が自力でできるように支援する。		○利用時は個浴で入浴する。 ○湯温は40度とする。 ○時間帯は昼食後～おやつの間とする。 ○洗体・洗髪はシャンプー等を案内し見守る。 ○洗えない箇所は介助する。	本人と入浴担当		○／○ ～ ○／○
ADL・IADL その4・排泄	排泄の失敗を少なくできるように、夜間も含めトイレ誘導など支援する。		○自宅でのトイレでの最終排尿時間を確認する。 ○自宅トイレで排尿有の場合、2時間半を目途に誘導する。 ○自宅トイレで排尿がない場合は、到着時に誘導する。 ○タイミングが合わない場合は30分後再誘導する。 ○排泄中は扉を出て待機する（その場を離れない）。 ○オムツは下着に尿パッドとする。	日勤者	排泄時 左記通り	○／○ ～ ○／○
ADL・IADL その5・着替え	・職員が一緒に服を選び、着替えの支援する。 ・洋服やオシャレ好き。		○自宅からブラウスやズボンを複数持参してもらう。 ○持参した服を本人と一緒に選ぶ。 ○着替えは本人が行う（職員は	家族 本人・入浴 本人	入浴時	○／○ ～ ○／○

ADL・IADL その6・家事	・洗濯物があると畳もうとする。 ・洗濯も一緒に畳むなど支援する。		声掛け支援）。 （入浴後） ○脱いだ衣類は本人が畳む（職員は声掛け支援）。 ○汚れたズボン等は事業所内で洗い保管する。	本人 入浴担当	入浴時	○／○ 〜 ○／○
コミュニケーション及び理解・行動	買い物以外に一人で外出する。夫、次女が止めると興奮することがある。		○自ら外出する場合は一緒に出掛ける。 ○行き先を聞いて合わせる（同行する）。 ○自宅に帰りたい場合は送迎する（家族了解済）。	外出場面に出会った職員	入浴時	○／○ 〜 ○／○
生活の質（ライフスタイル）	部屋でCDをかけて音楽を聴いたり、歌詞カードを見ながら歌を口ずさんでいた。		○歌謡曲、童謡の歌詞カードを常備（準備済み）。 ○午前中お茶の時間後、午後おやつ後にCDをかけ一緒に歌う。 ○事務所内で30分を目途に行う。	AM早番 PM遅番	10時過ぎ 15時過ぎ	○／○ 〜 ○／○
家族の支援			・計画なし			
その他			・計画なし			

事業所名： GH○○○○　　介護計画書の交付を受けました。平成○○年○○月○○日　氏名：　K・S　印

□短期利用共同生活介護計画書

作成日：平成　　年　　月　　日

利用者名：　M・S　様　　　　生年月日：M・T・Ⓢ　○○年○○月○○日　○○歳

説明相手：　　　　　　　　印　　説明日：平成△△年△△月△△日

計画作成担当者：　○・○　　印　　担当介護職員：　△・△　印　　×・×　印

要介護認定区分：要支援1・2 要介護1・②・3・4・5　　認定期間：平成○○年○○月○○日～平成○○年○○月○○日

【利用者の生活（人生）全体意向／サービスに対する意向】
- 家で暮らしたい
- できる家事は続けたい

【事業所の総合的介護サービスの方針】
- 自宅での生活が継続できるように支援していく
- 家事を続けられるように支援していく

項目	ニーズや現状	目標	具体的なサービス内容	担当者	頻度	期間
健康状態等	アリセプトはカレンダーに貼りつけ、本人がとり服用しているが忘れることがある。	認知症も含め健康状態・自立動作および生活意欲の維持を図る。	○ADL・IADL動作を自力で行う。 ○やろうとする動作を大切にし、一緒に行う等する。	本人と全職員	家事動作の都度	○／○ ～ ○／○
ADL・IADL その1・移動			・計画なし			
ADL・IADL その2・食事	買い物に行く、調理をしようとする意欲を利用中も大切に支援する。	現在行っている生活の自立動作の維持。半年後もできる・続けられている。	○朝食はトースト・ヨーグルトに牛乳 ○昼食夕食調理は他利用者と職員と一緒に行う（必ず職員が付く）。 ○調理中、混乱する様子があれば調理を中止する。 ○食事やおやつの配膳・下膳は一緒に行う。 ○湯呑や食器洗浄は本人が行い、職員は見守る。	本人・早番 本人・遅番 遅番 本人・職員 本人・遅番	・朝食時 ・昼食夕食前 ・食後	○／○ ～ ○／○
ADL・IADL その3・入浴	一日おきに見守り介助中心に洗体・洗髪が自力でできるように支援する。		○利用時は個浴で入浴する。 ○湯温は40度とする。 ○時間帯は昼食後～おやつの間とする。 ○洗体・洗髪はシャンプー等を案内し見守る。 ○洗えない箇所は介助する。 ○入浴は一日で、帰宅日当日も入浴する。	本人 入浴担当		○／○ ～ ○／○
ADL・IADL その4・排泄	排泄の失敗を少なくできるように、夜間も含めトイレ誘導など支援する。		○自宅でのトイレでの最終排尿時間を確認する。 ○自宅トイレで排尿有の場合、2時間半を目途に誘導する。 ○自宅トイレで排尿がない場合は、来所時に誘導する。 ○タイミングが合わない場合は30分後再誘導する。 ○排泄中は扉を出て待機する（その場を離れない）。	日勤者 夜勤者	排泄時 左記通り	○／○ ～ ○／○

			○日中は下着に尿パッド／夜間はテープ型にパッドとする。			
ADL・IADL その5・着替え	・職員が一緒に服を選び、着替えの支援する。 ・洋服やオシャレ好き。		○自宅からブラウスやズボンを複数持参してもらう。 ○持参した服を本人と一緒に選ぶ。 ○着替えは本人が行う（職員は声掛け支援）。	本人 入浴担当	入浴時	○／○ 〜 ○／○
ADL・IADL その6・家事	・洗濯物があると畳もうとする。 ・洗濯も一緒に畳むなど支援する。		（入浴後） ○脱いだ衣類は本人が畳む（職員は声掛け支援）。 ○汚れたズボン等は事業所内で洗い保管する。	本人 入浴担当	入浴時	○／○ 〜 ○／○
コミュニケーション及び理解・行動	買い物以外に一人で外出する。夫、次女が止めると興奮することがある。		○自ら外出する場合は一緒に出掛ける。 ○行先を聞いて合わせる（同行する）。 ○自宅に帰りたい場合は帰る（家族了解済）。	外出場面に出会った職員	入浴時	○／○ 〜 ○／○
生活の質 （ライフスタイル）	部屋でCDをかけて音楽を聴いたり、歌詞カードを見ながら歌を口ずさんでいた。		○歌謡曲、童謡の歌詞カードを常備（準備済み）。 ○午前中お茶の時間後、午後おやつ後にCDをかけ一緒に歌う。 ○事務所内で30分を目途に行う。	AM早番 PM遅番	10時過ぎ 15時過ぎ	○／○ 〜 ○／○
家族の支援			・計画なし			
その他			・計画なし			

事業所名：　GH○○○○　　　　介護計画書の交付を受けました。平成○○年○○月○○日　氏名：　K・S　印

付録

グループホーム計画書
オリジナル書式集

収録書式

基本情報【書式No.1】	：2枚
入居前情報【書式No.2】	：5枚
当面の介護計画書【書式No.3】	：2枚
計画書台紙	：1枚
入居後情報【書式No.4】	：13枚
介護計画書(1)　【書式No.5】	：1枚
介護計画書(2)	：1枚
介護計画モニタリング表【書式No.6】	：2枚
計画書台紙（共用型認知症対応型通所介護／短期利用共同生活介護）	：1枚
共用型認知症対応型通所介護計画／短期利用共同生活介護計画　基本情報【書式No.7】	：2枚
共用型認知症対応型通所介護計画／短期利用共同生活介護計画　アセスメント表【書式No.8】	：7枚
共用型認知症対応型通所介護計画書【書式No.9】	：2枚
短期利用共同生活介護計画書【書式No.10】	：2枚

付録の書式は
下記URLよりダウンロードすることができます。
http://www.jmp.co.jp/contents/group_home/

基本情報　　【書式No.1】

《本人氏名等》

フリガナ		男・女	年齢	M T S　　　年　月　日　（　歳）
入居者氏名				

住　所	〒　　－　　　　　　　　　　　　　　　　　　　　　　　　　　　電話：　－　－

《緊急連絡先》

第1連絡先	氏名　　　　　　　　　　　　　男・女　年齢（　歳）本人との続柄（　　）
	住所　　　　　　　　　　　　　　自宅TEL　　－　　－
	携帯TEL　　－　　－
	勤め先
	e-mail　　　　　　　　＠
	【連絡方法等】（　　　　　　　　　　　　　　　　　　　　　　　）
第2連絡先	氏名　　　　　　　　　　　　　男・女　年齢（　歳）本人との続柄（　　）
	住所　　　　　　　　　　　　　　自宅TEL　　－　　－
	携帯TEL　　－　　－
	勤め先
	e-mail　　　　　　　　＠
	【連絡方法等】（　　　　　　　　　　　　　　　　　　　　　　　）
第3連絡先	氏名　　　　　　　　　　　　　男・女　年齢（　歳）本人との続柄（　　）
	住所　　　　　　　　　　　　　　自宅TEL　　－　　－
	携帯TEL　　－　　－
	勤め先
	e-mail　　　　　　　　＠
	【連絡方法等】（　　　　　　　　　　　　　　　　　　　　　　　）

《家族等（緊急連絡先以外）》

氏　名	住　所	電話番号	本人との続柄
		－　－	
		－　－	
		－　－	
		－　－	
		－　－	

【家族構成】	【入居前の介護状況】

《入居希望時の認知症状の確認》

認知症状を確認した相手		本人との関係	
所属・連絡先等			
確認書類等		確認職員	

《身体障害者手帳等》

《公的な支援制度の利用状況》

成年後見制度	□利用している（補助・保佐・後見・任意）　　□利用していない 【所　属】　　　　　　　　　　　　　　　　【氏　名】 【住　所】〒　　－ 【電　話】　　－　　－　　　　　　　　　　【ＦＡＸ】　　－　　－ 【利用期間】平成　　年　　月　　日から 【支援内容等】（　　　　　　　　　　　　　　　　　　　　　　　　　　　　　）
地域福祉権利擁護事業 （日常生活自立支援事業）	□利用している　　　　　　　　　　　　　　□利用していない 【機関名】　　　　　　　　　　　　　　　　【担当者】 【住　所】〒　　－ 【電　話】　　－　　－　　　　　　　　　　【ＦＡＸ】　　－　　－ 【利用期間】平成　　年　　月　　日から 【支援内容等】（　　　　　　　　　　　　　　　　　　　　　　　　　　　　　）
生活保護制度	□利用している　　　　　　　　　　　　　　□利用していない 【部　署】　　　　　　　　　　　　　　　　【担当者】 【住　所】〒　　－ 【電　話】　　－　　－　　　　　　　　　　【ＦＡＸ】　　－　　－ 【利用期間】平成　　年　　月　　日から

《入居に至った経緯》

《性格》

入居前情報　【書式 No.2】

作成日：平成　　年　　月　　日

1. 相談者等

《介護支援専門員》

氏　名		事業所名	
住　所		TEL　－　　－	FAX　－　　－

《その他の相談者》

氏　名		事業所名	
住　所		TEL　－　　－	FAX　－　　－

《入居受付時の要介護認定》

要介護度	要支援　2　・　要介護　1　・　2　・　3　・　4　・　5		
認定日	平成　　年　　月　　日	認定期間	・　・　～　・　・

《入居受付時の日常生活自立度判定基準》

認知症	なし　・　I　・　II_a　・　II_b　・　III_a　・　III_b　・　IV　・　M	判定日	・　・
寝たきり	J_1　・　J_2　・　A_1　・　A_2　・　B_1　・　B_2　・　C_1　・　C_2	判定日	・　・

《生活の意欲等》

生活の意欲	【生活意欲】□あり　　□ある様子　　□不明　　□なし 【加齢や病気による生活の孤独感・喪失感】□あり　　□不明　　□なし
家族に対する 希望・想い	□あり（　　　　　　　　　　　　　　　　　　　　　　　　　　　　　　　） □なし　　□不明

《生活歴（出身地・家族のこと・職業等）》

【生まれ・出身地】

【家族・結婚】

【仕事】

【暮らしの様子】

【その他】

2. 住居等

《入居前居住地》

□自宅　□家族宅　□施設 □病院　□その他	住所・ 施設名	

《生活環境》

自宅（時期： 頃まで）	施設・病院等（時期： 頃まで）
【居住空間見取り図】	【居住空間見取り図】
【寝具等使用状況】 ①寝　具　□市販ベッド　□電動ベッド 　　　　　　□布　団　　□その他（　　　） 　　　　　　付属品（　　　　　　　　　） ②トイレ　□洋式　□和式　□Ｐトイレ 　　　　　　付属品（　　　　　　　　　） ③浴　室　□家庭浴槽　□施設一般 　　　　　　□機械浴　　□訪問入浴	【寝具等使用状況】 ①寝　具　□パイプベッド　□電動ベッド 　　　　　　□布　団　　□その他（　　　） 　　　　　　付属品（　　　　　　　　　） ②トイレ　□洋式　□和式　□Ｐトイレ 　　　　　　付属品（　　　　　　　　　） ③浴　室　□家庭浴槽　□施設一般 　　　　　　□機械浴

《1日の生活の様子》

自宅（時期： 頃まで）	施設・病院等（時期： 頃まで）
6 ― 12 ― 18 ― 24 ―	― 6 ― 12 ― 18 ― 24

3. 健康等
《健康状態》

【既往歴・現病】※ 聞き取り・意見書等添付	【障害部位】
	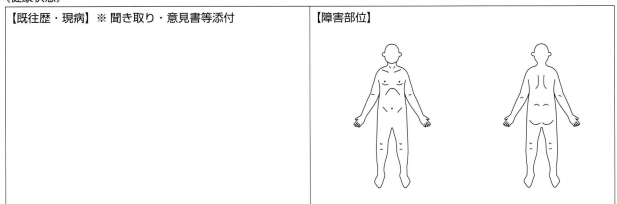

《服薬状況》

薬　名	効　能	薬　名	効　能

《主治医・通院先》

医者氏名	医療機関名	診療科	連絡先等

4. 家事等

家事項目	家事動作の範囲等（代行者）	家事の意向・いつまで自立？
掃　除	□自立　□家族　□施設等 用具（　　　　　　　　　　　　　　　　　　　） 範囲（　　　　　　　　　　　　　　　　　　　） 頻度（　　　　　　　　　　　　　　　　　　　）	
洗　濯	□自立　□家族　□施設等 洗濯機　①自動　②二層式洗濯機 頻度（　　　　　　　　　　　　　　　　　　　）	
寝具の整理	□自立　□家族　□施設等 頻度等（　　　　　　　　　　　　　　　　　　）	
買い物	□自立　□家族　□施設等 スーパーなど（　　　　　　　　　　　　　　　） （　　　　　　　　　　）（　　　　　　　　　） 頻度（　　　　　　　　　　　　　　　　　　　）	
調　理 片付け	□自立　□家族　□施設等 得意料理（　　　　　　　　　）（　　　　　　　） （　　　　　　　　　　）（　　　　　　　　　） （　　　　　　　　　　）（　　　　　　　　　） 頻度（　　　　　　　　　　　　　　　　　　　）	
電話の応対	□自立　□家族　□施設等	
戸締り	□自立　□家族　□施設等	
火の取り扱い	□自立　□家族　□施設等	
冷暖房管理	□自立　□家族　□施設等	
来客の応対	□自立　□家族　□施設等	
その他		

※主体的に行っていた部分や内容（誰がどの程度行っていたか？等）を記載

5. 生活の質

生活の範囲	□公共機関利用での外出　①自立　②家族等の付き添い □自宅（施設）周辺の外出　①自立　②家族等の付き添い □室内中心　　□自室内中心　　□ベッド（布団）上の生活 □その他（　　　　　　　　　　　　　　　　　　　　　　　　　　　　　　）

外出・買い物等	外出の機会 □あり　□なし 自立度　　□自立　□付き添いで（　　　　　　　　　　　　　　　　　　　　　　） ①よく行った場所（　　　　　　　　　　　　　　　　　　　　　　　　　　　　） ②行きつけのスーパー（　　　　　　　　　　　　　　　　　　　　　　　　　） ③デパート（　　　　　　　　　　　　　　　　　　　　　　　　　　　　　　） ④商店街（　　　　　　　　　　　　　　　　　　　　　　　　　　　　　　　） ⑤美容／理髪店（　　　　　　　　　　　　　　　　　　　　　　　　　　　　） ⑥飲食関係（　　　　　　　　　　　　　　　　　　　　　　　　　　　　　　） ⑦お墓参り（時期：　　　　　　　　　　　　　　場所：　　　　　　　　　　） ⑧旅行先・思い出の場所（　　　　　　　　　　　　　　　　　　　　　　　　） ⑨金融機関（　　　　　　　　　　　　　　　　　　　　　　　　　　　　　　）
趣味等	□あり（下記に詳細）　□なし　□不明 ①タバコ　□吸う（銘柄：　　　　　　　　　本数：　　／日）　□吸わない ②飲酒　　□飲む（銘柄：　　　　　　　　　量　：　　／日）　□飲まない ③（過去の）習い事等（　　　　　　　　　　　　　　　　　　　　　　　　　） ④スポーツ関係（　　　　　　　　　　　　　　　　　　　　　　　　　　　　） ⑤その他（　　　　　　　　　　　　　　　　　　　　　　　　　　　　　　　）
日課等	□あり（下記に詳細）　□なし　□不明 ①（　　　　　　　　　　　　　　　）→いつ頃まで（　　　　　　　　　　　） ②（　　　　　　　　　　　　　　　）→いつ頃まで（　　　　　　　　　　　） ③（　　　　　　　　　　　　　　　）→いつ頃まで（　　　　　　　　　　　）

《その他日常生活の情報》

6.ADL等

《日常生活動作等》

起き上がり	【動作】□自立　□一部介助　□全介助 【介助方法】（　　　　　　　　　　　　　　　　　　　　　　　　　　　　　）
立ち上がり	【動作】□自立　□一部介助　□全介助 【介助方法】（　　　　　　　　　　　　　　　　　　　　　　　　　　　　　）
歩行(移動)	【動作】□自立　□一部介助　□全介助 【介助方法】（　　　　　　　　　　　　　　　　　　　　　　　　　　　　　） 【福祉用具等】①杖　②車いす　③その他（　　　　　　　　　　　　　　　） 【夜間・室外での状態】（　　　　　　　　　　　　　　　　　　　　　　　　）
食事の摂取	【動作】□自立　□一部介助　□全介助 【介助方法】（　　　　　　　　　　　　　　　　　　　　　　　　　　　　　） 補助具（　　　　　　　　　　　　　　　　　　　　　　　　　　　　　　　　） 好　　物（　　　　　　　　　　　　　　　　　　　　　　　　　　　　　　　） 嫌いな物（　　　　　　　　　　　　　　　　　　　　　　　　　　　　　　　）
排泄（排尿）	昼間：【動作】□自立　□一部介助　□全介助 【排泄場所】①トイレ　②Ｐトイレ　③尿器類　④オムツ類使用 【オムツ類】（メーカー・種類：　　　　　　　　　　　　　　　　　　　　　） 【介助方法】（　　　　　　　　　　　　　　　　　　　　　　　　　　　　　） 【介助頻度】（　　　　　　　　　　　　　　）尿意　①あり　②不明　③なし 夜間：【動作】□自立　□一部介助　□全介助 【排泄場所】①トイレ　②Ｐトイレ　③尿器類　④オムツ類使用 【オムツ類】（メーカー・種類：　　　　　　　　　　　　　　　　　　　　　） 【介助方法】（　　　　　　　　　　　　　　　　　　　　　　　　　　　　　） 【介助頻度】（　　　　　　　　　　　　　　）尿意　①あり　②不明　③なし

排泄 (排便)	昼間	【動作】　□自立　　□一部介助　　□全介助 【排泄場所】①トイレ　　②Ｐトイレ　　③尿器類　　④オムツ類使用 【オムツ類】（メーカー・種類：　　　　　　　　　　　　　　　　　　　　　　） 【介助方法】（　　　　　　　　　　　　　　　　　　　　　　　　　　　　　　） 【介助頻度】（　　　　　　　　　　　　　　　　　　）便意　①あり　②不明　③なし
	夜間	【動作】　□自立　　□一部介助　　□全介助 【排泄場所】①トイレ　　②Ｐトイレ　　③尿器類　　④オムツ類使用 【オムツ類】（メーカー・種類：　　　　　　　　　　　　　　　　　　　　　　） 【介助方法】（　　　　　　　　　　　　　　　　　　　　　　　　　　　　　　） 【介助頻度】（　　　　　　　　　　　　　　　　　　）便意　①あり　②不明　③なし
入浴		【動作】　□自立　　□一部介助　　□全介助 【準備】　□自立　　□家族　　　□施設等 【頻度】　①毎日　②週　　回（　　）　③ほとんど入らない 　　　　　入浴する時間帯：（　　　）時頃 【介助方法】（　　　　　　　　　　　　　　　　　　　　　　　　　　　　　　）
歯磨き 洗面	歯磨き	【動作】　□自立　　□一部介助　　□全介助 【義歯】①あり（　　　）　②なし 【介助方法】（　　　　　　　　　　　　　　　　　　　　　　　　　　　　　　）
	洗面	【動作】　□自立　　□一部介助　　□全介助 【介助方法】（　　　　　　　　　　　　　　　　　　　　　　　　　　　　　　）
視力		□普通　　□大きい字なら可　　□ほとんど見えない　　□見えない 【眼鏡】①あり　　②なし 【頻度など】（　　　　　　　　　　　　　　　　　　　　　　　　　　　　　）
聴力		□普通　　□大きな声なら可　　□あまり聞こえない　　□聞こえない 【補聴器】①あり（音量レベル：　　　　　　　　　）②なし 【頻度など】（　　　　　　　　　　　　　　　　　　　　　　　　　　　　　）

7．入居前情報まとめ（その他）

【書式 No.3】

□認知症対応型共同生活介護計画　□介護予防認知症対応型共同生活介護計画
～当面の介護計画書～

作成日　平成　年　月　日

入居者名　：　　　　　　　　様　　生年月日：M・T・S　年　月　日　歳

入居者／家族説明相手　：　　　　　印　　説明日：平成　年　月　日

計画作成担当者　：　　　　　　　　印　　担当介護職員：　　　　　　印

要介護度区分　：　要支援2・要介護1・2・3・4・5　　認定期間：平成　年　月　日　～　平成　年　月　日

《本人の生活全体の意向やサービスに対する意向》

《事業所の総合的介護サービスの方針》

《本人の生活の意向およびサービス内容》

生活の場面	ニーズや現状	目標	具体的なサービス内容
健康状態等			
視覚・聴覚およびコミュニケーション			

1/2

理解・行動			
ベッド上・立ち上がり・移乗動作等			
移 動			
食事・調理			
排 泄			
入 浴			
着替え・洗面			
家事・IADL			
生活の質			
その他生活の様子等			

介護計画書の交付を受けました。平成　年　月　日　　　　印

事業所名：

氏名：　　　　　　印

☐認知症対応型共同生活介護計画書
☐介護予防認知症対応型共同生活介護計画書

利用者名： _____

☐ 介護計画作成日【作成日：平成　　年　　月　　日　担当者：　　　　】
☐ 入居後情報更新【作成日：平成　　年　　月　　日　担当者：　　　　】

事 業 所 名： _____
法 人 名： _____

入居後情報　　【書式No.4】

作成日：平成　　年　　月　　日～　　年　　月　　日

■生活（人生）全体の意向
《本人の望む生き方・本人の望む生活～どのような人生を送りたいか。生活全体に対する希望等～》

《本人の家族等への思い》

生活の意欲	□あり　　□ある様子　　□不明　　□なし		
家族に対する思い	□あり（　　　　　　　　　　　　　　　　　　　　　　　　　　　　　） 【頼りたい家族】氏名：（　　　　　　　　）続柄：（　　　　）	□不明	□なし
家に対する思い	□家で暮らしたい（帰りたい家は……　　　　　　　　　　　　　　　　　　　　　　　　　　　　　　　　　　　） □時々は帰りたい　　□不明　　□どちらでもない		
備考			

《家族の生活全体の意向とかかわり》

キーパーソン	氏名：　　　　　　　　　　　続柄：
利用者への生活 全体の意向	
家族の役割や 範囲等	

《本人の介護予防の取り組みの全体的な意向》※ 要支援2のみ

《事業所側の本人へのかかわり方～事業所の総合的介護サービスの方針～》

■最新の要介護状態等
《要介護認定》

要介護度	要支援　2　・　要介護　1　・　2　・　3　・　4　・　5		
認定日	平成　　年　　月　　日	認定期間	・　・　～　・　・

《日常生活自立度判定基準》

認知症	なし ・ Ⅰ ・ Ⅱ$_a$ ・ Ⅱ$_b$ ・ Ⅲ$_a$ ・ Ⅲ$_b$ ・ Ⅳ ・ M	判定日	・　・
寝たきり	J$_1$ ・ J$_2$ ・ A$_1$ ・ A$_2$ ・ B$_1$ ・ B$_2$ ・ C$_1$ ・ C$_2$	判定日	・　・

（厚生労働省より）

1. 健康状態等（歯科含む）【項目1】
《希望や悩み》

■本　　　人　①希望　□あり（　　　　　　　　　　　　　　　　　　　　　　　　　　　　）□不明　□なし
　　　　　　　②悩み　□あり（　　　　　　　　　　　　　　　　　　　　　　　　　　　　）□不明　□なし
■家族希望　　　　　　□あり（　　　　　　　　　　　　　　　　　　　　　　　　　　　　）□不明　□なし

《介護予防の取り組みへの意向》

■本　　　人　①希望　□あり（　　　　　　　　　　　　　　　　　　　　　　　　　　）□不明　□特になし
■事業所側の基本方針（　　　　　　　　　　　　　　　　　　　　　　　　　　　　　　　　　　　　　）

《主治医》

担当医名	医療機関名	診療科目	連絡先

《その他の通院医療機関》

担当医名	医療機関名	診療科目	連絡先

《医療連携体制》

医療連携の体制	□連携なし　　□看護職員を配置 □外部連携　（事業所名：　　　　　　　　　　担当看護師：　　　　　　　　　　）
主な関わりの内容	

《障害の有無等》

【障害の部位等・前】　　　【障害の部位等・後】

《既往歴や現病》

	病　名	症　状（一般状態）
既・現		
既・現		
既・現		
既・現		
既・現		

《処方されている薬／服薬方法》

薬　名	効用等	服薬方法・注意点	薬　名	効用等	服薬方法・注意点

（処方箋の添付で可）

《担当者の所見／生活の様子／特記事項》

項目1【健康状態等】の計画必要度　　　1　2　3

2. 視覚・聴覚およびコミュニケーション【項目2】
《希望や悩み》

■本　　　人	①希望	□あり（	）	□不明	□なし
	②悩み	□あり（	）	□不明	□なし
■家族希望		□あり（	）	□不明	□なし

《介護予防の取り組みへの意向》

| ■本　　　人 ①希望　□あり（ | ） | □不明 | □特になし |
| ■事業所側の基本方針（ | | | ） |

《視力》

| 視　力 | □普通（生活に支障がない）　　□大きな字なら可
□視野が限られている（　　　　　　　　　）　　□見えない |
| 補助具 | 眼　鏡　①使用（　　　　　　　　　　　）　　②不使用 |

《聴力》

| 聴　力 | □普通（生活に支障がない）　　□大きな声は聞こえる
□あまり聞こえない　　□聞こえない（右・左）　　□不明 |
| 補助具 | 補聴器　①使用（　　　　　　　　　　　）　　②不使用 |

《意思の伝達等》

意思の表示の手段	□言語　　□身振り手振り　　□筆談 □その他（　　　　　　　　　　　）
意思の伝達	□他者に伝えられる　　□時々意思表示する　　□ほとんどしない □しない（できない）
問いかけに対する反応	□通じる　　□時々通じる　　□意思表示しないが通じている □通じない（反応がない）

《担当者の所見／生活の様子／特記事項》

項目２【コミュニケーション】の計画必要度　　　1　2　3

3. 理解・行動【項目3】
《希望や悩み》

■本　　　人	①希望	□あり（	）	□不明	□なし
	②悩み	□あり（	）	□不明	□なし
■家族希望		□あり（	）	□不明	□なし

《介護予防の取り組みへの意向》

| ■本　　　人 ①希望　□あり（ | ） | □不明 | □特になし |
| ■事業所側の基本方針（ | | | ） |

《理解》　1……答えることができた　　2……答えることができなかった

ア	自分の名前は？（答え：	）	1	2
イ	今現在の季節は？（答え：	）	1	2
ウ	生年月日は？（答え：	）	1	2
エ	現在、自分の住んでいる場所の名称は？（答え：	）	1	2
オ	今朝・昨日食べた食事内容は？（答え：	）	1	2

《行動力・行動意欲》　1……ある／できる　　2……ない／確認できない

	項　目	利用者		職　員	
ア	ひとりで外出することがある（できる）	1	2	1	2
イ	ひとりで外出しても事業所に戻ってこれる	1	2	1	2
ウ	最近、預貯金の出し入れを行った	1	2	1	2
エ	最近、独りで買い物に行った	1	2	1	2
オ	最近、独りで公共機関（電車・バス等）を利用した	1	2	1	2
カ	話しかけても上の空のようなときがある	1	2	1	2
キ	積極的に他の利用者や職員に話しかけている	1	2	1	2

《生活の様子や習慣》　1……ある／そう　　2……ない／違う

	項　目	利用者		職　員	
ア	日課等生活のリズムは昼間が中心である（夜は寝ていることが多い）	1	2	1	2
イ	日課等生活のリズムは夜間が中心である（昼間は寝ていることが多い）	1	2	1	2
ウ	生活の中で同じ話を繰り返し他者にする（大切な話の繰り返し）	1	2	1	2
エ	モノを大切にする（保管・取っておくことがある）	1	2	1	2

《生活上の羞恥心》

	項　目	利用者		職　員	
ア	排泄・入浴介助等の際に恥かしがる・嫌がる（異性の場合）	1	2	1	2
イ	排泄・入浴介助等の際に恥かしがる・嫌がる（同性の場合）	1	2	1	2
ウ	性的な欲求を示すことがある（具体例：　　　　　　　　　　）	1	2	1	2

《記憶等》　1……はい／ある　　2……いいえ／ない

	項　目	利用者		職　員	
ア	物忘れがある	1	2	1	2
イ	物を忘れることに悩んでいる・心配している	1	2	1	2
ウ	お金や大切な物を取られた（と思った）ことがある	1	2	1	2
エ	幻聴や幻覚を見たこと、聞こえたことがある	1	2	1	2
オ	気分や言動が落ち着かないときがある	1	2	1	2
カ	気分がすぐれず、物を壊すなどまわりに当たり散らしたことがある	1	2	1	2
キ	（事情があり）他者に対して手を上げる・言葉で責めたことがある	1	2	1	2

《職員が感じたこと》　1……ある　　2……ない

	項　目	職　員	
ア	作話・妄想（具体話：　　　　　　　　　　　　　　　　　　）	1	2
イ	幻聴・幻覚（具体話：　　　　　　　　　　　　　　　　　　）	1	2
ウ	異　　　食（具体話：　　　　　　　　　　　　　　　　　　）	1	2
エ	暴言・暴力（具体話：　　　　　　　　　　　　　　　　　　）	1	2

《担当者の所見／生活の様子／特記事項》

項目3【理解・行動】の計画必要度	1	2	3

4. ベッド上・立ち上がり・移乗動作等【項目4】

《希望や悩み》

■本　　　人	①希望	□あり（	）	□不明	□なし
	②悩み	□あり（	）	□不明	□なし
■家族希望		□あり（	）	□不明	□なし

《介護予防の取り組みへの意向》

■本　　　人 希望　□あり（	）	□不明	□特になし
■事業所側の基本方針（			）

《ベッドでの動作》

寝具等	□介護ベッド　　□一般ベッド　　□布団 【付属品】①サイドレール　②移動バー　③立位保持バー ④その他（　　　　　　　　　　　　　　　　　　　　　　　） 【ベッドの床からの高さ】（　　　）cm
寝返り	□自立　　□何かにつかまればできる　　□できない　　□不明
起き上がり	□自立　　□何かにつかまればできる　　□できない
座位保持	□自立　　□何かにつかまればできる　　□できない
立ち上がり	□自立　　□何かにつかまればできる　　□できない
立位の保持	□自立　　□何かにつかまればできる　　□できない

《その他立ち上がり・立位保持・移乗動作》

立ち上がり（椅子から）	□自立　　□何かにつかまればできる　　□できない
立ち上がり（ソファー）	□自立　　□何かにつかまればできる　　□できない
移乗動作 ベッドから車いす 車いすから椅子・ソファー	□自立　　□何かにつかまればできる　　□できない 介助内容（　　　　　　　　　　　　　　　　　　　　　　　） 介助頻度（　　　　　　　　　　　　　　　　　　　　　　　）

《担当者の所見／生活の様子／特記事項》

項目4【寝返り・起き上がり】の計画必要度　　　　1　2　3

5. 移動【項目5】

《希望や悩み》

■本　　　人	①希望	□あり（	）	□不明	□なし
	②悩み	□あり（	）	□不明	□なし
■家族希望		□あり（	）	□不明	□なし

《介護予防の取り組みへの意向》

■本　　　人 希望　□あり（	）	□不明	□特になし
■事業所側の基本方針（			）

《移動動作》

移動(歩行)室内の場合	【昼間】□自立　□一部介助（介助内容：　　　　　　　　　　　　　　　　　）　□全介助 　　　　　福祉用具　①なし　②杖（　　　　）　③車いす（　　　　　　） 　　　　　　　　　　④歩行器（　　　　）　⑤シルバーカー　⑥その他（　　　　） 　　　　　介助の内容（　　　　　　　　　　　　　　　　　　　　　　　　　　　） 　　　　　その他の情報（　　　　　　　　　　　　　　　　　　　　　　　　　　） 【夜間】□自立　□一部介助　□全介助 　　　　　福祉用具　①なし　②杖（　　　　）　③車いす（　　　　　　） 　　　　　　　　　　④歩行器（　　　　）　⑤シルバーカー　⑥その他（　　　　） 　　　　　介助の内容（　　　　　　　　　　　　　　　　　　　　　　　　　　　） 　　　　　その他の情報（　　　　　　　　　　　　　　　　　　　　　　　　　　）
移動(歩行)室外の場合	□自立　□一部介助（介助内容：　　　　　　　　　　　　　　　　　）　□全介助 福祉用具　①なし　②杖　③車いす　④歩行器 　　　　　⑤シルバーカー　⑥その他（　　　　　　　　　　　　　　　　）

《担当者の所見／生活の様子／特記事項》

項目5【移動】の計画必要度	1	2	3

6. 食事・調理【項目6】

《希望や悩み》

■本　　　人	①希望　□あり（　　　　　　　　　　　　　　　　　　　　　）　□不明　□なし
	②悩み　□あり（　　　　　　　　　　　　　　　　　　　　　）　□不明　□なし
■家族希望	□あり（　　　　　　　　　　　　　　　　　　　　　　　　　）　□不明　□なし

《介護予防の取り組みへの意向》

■本　　　人　希望　□あり（　　　　　　　　　　　　　　　　　　　　　　　　）　□不明　□特になし
■事業所側の基本方針（　　　　　　　　　　　　　　　　　　　　　　　　　　　　　　　　　　）

《食事準備・摂取状況等》

調理	□自立　□職員と一緒　□やらない（職員対応） 【頻度】①ほぼ毎食　②1日2回程度（　　　）　③1日1回（　　　） 　　　　④その他（　　　　　　　　　　　　　　　　　　　　　　　　　） 【注意点】（　　　　　　　　　　　　　　　　　　　　　　　　　　　　　）
配膳や後片付け	盛り付け　□自立　□職員と一緒　□行わない（職員対応） 配　膳　　□自立　□職員と一緒　□行わない（職員対応） 後片付け　□自立　□職員と一緒　□行わない（職員対応）
火の取り扱い	□自立（IH・ガス・電気）　□職員と一緒　□やらない
食事摂取	【動作】□自立　□見守り　□一部介助　□全介助 食事中の様子（　　　　　　　　　　　　　　　　　　　　　　　　　　　） 食事用具①お箸　②スプーン　③その他（　　　　　）（　　　　　） 介助方法（　　　　　　　　　　　　　　　　　　　　　　　　　　　　　） 介助頻度（　　　　　　　　　　　　　　　　　　　　　　　　　　　　　）
食事場所（好む場所）	①食卓　②ソファー　③部屋内　④ベッド(布団)上 ⑤その他の食事場所（　　　　　　　　　　　　　　　　　　　　　　　　）
食事体制	①1人で食べたい　②みんな大勢で　③その他（　　　　　　　　　　　　）
食事回数（平均）	①3食　②2食　③1食　④その他（　　　食）
食事時間（希望）	（　　　）時頃／（　　　）時頃／（　　　）時頃／　その他（　　　　　　） 所要時間：（　　　）分ぐらい
好きな食べ物	

嫌いな食べ物 （禁食含む）	
菓子類嗜好等	

《担当者の所見／生活の様子／特記事項》

項目6【調理・食事】の計画必要度		1	2	3

7. 排泄【項目7】

《希望や悩み》

■本　　　人	①希望　□あり（	）□不明　□なし
	②悩み　□あり（	）□不明　□なし
■家族希望	□あり（	）□不明　□なし

《介護予防の取り組みへの意向》

■本　　　人　希望　□あり（	）□不明　□特になし
■事業所側の基本方針（	）

《失禁の状態》

失禁の有無	尿失禁　□あり（　　　　　）□なし
	便失禁　□あり（　　　　　）□なし

《排泄の状況等》

排泄 （排尿）	昼間	【動作】□自立　□一部介助　□全介助 【排泄場所】①トイレ　②Ｐトイレ　③尿器類　④オムツ類使用 　　　　　　オムツ等の種類（　　　　　　　　　　　　　　　　） 【介助方法】（　　　　　　　　　　　　　　　　　　　　　　　） 【介助頻度】（　　　　　　　　　　　）尿意　①あり　②不明　③なし
	夜間	【動作】□自立　□一部介助　□全介助 【排泄場所】①トイレ　②Ｐトイレ　③尿器類　④オムツ類使用 　　　　　　オムツ等の種類（　　　　　　　　　　　　　　　　） 【介助方法】（　　　　　　　　　　　　　　　　　　　　　　　） 【介助頻度】（　　　　　　　　　　　）尿意　①あり　②不明　③なし
排泄 （排便）	昼間	【動作】□自立　□一部介助　□全介助 【排泄場所】①トイレ　②Ｐトイレ　③尿器類　④オムツ類使用 　　　　　　オムツ等の種類（　　　　　　　　　　　　　　　　） 【介助方法】（　　　　　　　　　　　　　　　　　　　　　　　） 【介助頻度】（　　　　　　　　　　　）便意　①あり　②不明　③なし
	夜間	【動作】□自立　□一部介助　□全介助 【排泄場所】①トイレ　②Ｐトイレ　③尿器類　④オムツ類使用 　　　　　　オムツ等の種類（　　　　　　　　　　　　　　　　） 【介助方法】（　　　　　　　　　　　　　　　　　　　　　　　） 【介助頻度】（　　　　　　　　　　　）便意　①あり　②不明　③なし
その他の要因 特記事項		

《担当者の所見／生活の様子／特記事項》

項目7【排泄】の計画必要度		1	2	3

8. 入浴【項目8】

《希望や悩み》

■本　　　人	①希望　□あり（	）　□不明　□なし
	②悩み　□あり（	）　□不明　□なし
■家族希望	□あり（	）　□不明　□なし

《介護予防の取り組みへの意向》

■本　　　人　希望　□あり（	）　□不明　□特になし
■事業所側の基本方針（	）

《入浴》

入浴頻度等	①好き　②不明　③あまり好きではない　④嫌い 【入浴頻度】①毎日　②週（　）回程　③その他（　　　） 【設定温度】（　）度
入浴特記 嫌いな理由等	
入浴場所	①ユニット内浴室　②その他（　　　　　）
お湯の準備等	□自立　　□職員と一緒　　□職員
浴槽の出入り	□自立　　□見守り　　□一部介助　　□全介助 介助方法（　　　　　　　　　　　　　　　　　　　）
入浴の形態	①浴槽につかる　　②シャワーが多い ③その他（　　　　　　　　　　　　　　　　　　）
入浴補助具	①シャワーチェア　　②簡易手すり　　③その他（　　　）
洗身	□自立　　□見守り　　□一部介助　　□全介助　□その他（　　） 介助方法（　　　　　　　　　　　　　　　　　　　）
洗髪	□自立　　□見守り　　□一部介助　　□全介助　□その他（　　） 介助方法（　　　　　　　　　　　　　　　　　　　）

《担当者の所見／生活の様子／特記事項》

項目8【入浴】の計画必要度　　　1　2　3

9. 着替え・洗面【項目9】

《希望や悩み》

■本　　　人	①希望　□あり（	）　□不明　□なし
	②悩み　□あり（	）　□不明　□なし
■家族希望	□あり（	）　□不明　□なし

《介護予防の取り組みへの意向》

■本　　　人　希望　□あり（	）　□不明　□特になし
■事業所側の基本方針（	）

《衣類の着脱》

衣類の選択	□自分で選んで取り出す　　□自分で取り出すが上下そろわないなどアンバランス □しない　　□その他（　　　　　　　　　　　　　　　　　　）
好みの服装	□あり（　　　　　　　　　　　　　　　　　　　）　□特になし
着脱の行為	□自立　　□見守り（声かけ等）　　□一部介助　　□全介助 介助方法（　　　　　　　　　　　　　　　　　　　）

《歯磨き等》

歯磨き	□自立　□声かけ　□一部介助　□全介助　□その他（　　　　　　　　　　）
	【義歯】①あり（　　　　　　　　　　　　　　　　　　　　　　　）　②なし
	【介助方法】（　　　　　　　　　　　　　　　　　　　　　　　　　　　　　）
整髪	□自立　□声かけ　□一部介助　□全介助　□その他（　　　　　　　　　　） 介助方法（　　　　　　　　　　　　　　　　　　　　　　　　　　　　　　）
爪きり	□自立　□声かけ　□一部介助　□全介助　□その他（　　　　　　　　　　） 介助方法（　　　　　　　　　　　　　　　　　　　　　　　　　　　　　　）
洗顔	□自立　□声かけ　□一部介助　□全介助　□その他（　　　　　　　　　　） 介助方法（　　　　　　　　　　　　　　　　　　　　　　　　　　　　　　）

《担当者の所見／生活の様子／特記事項》

項目9【衣類の着脱】の計画必要度	1	2	3

10. 家事・IADL【項目10】

《希望や悩み》

■本　　人　①希望　□あり（　　　　　　　　　　　　　　　　　　　）　□不明　□なし
②悩み　□あり（　　　　　　　　　　　　　　　　　　　）　□不明　□なし
■家族希望　　　　□あり（　　　　　　　　　　　　　　　　　　　）　□不明　□なし

《介護予防の取り組みへの意向》

■本　　人　希望　□あり（　　　　　　　　　　　　　　　　　　　）　□不明　□特になし
■事業所側の基本方針（　　　　　　　　　　　　　　　　　　　　　　　　　　　　　）

《部屋の環境等》

【居室内の間取り】	【居室内の注意点等】

《家事動作等》

家事項目	介助動作の範囲等
掃除	□自立　□職員と一緒　□職員　□家族等　□その他（　　　　　　） ①範囲（　　　　　　　　）②頻度（　　　　　　　　） ③用具（　　　　　　　　）④備考（　　　　　　　　）
洗濯 （干す・たたむ）	□自立　□職員と一緒　□職員　□家族等　□その他（　　　　　　） ①範囲（　　　　　　　　）②頻度（　　　　　　　　） ③用具（　　　　　　　　）④備考（　　　　　　　　）
火の取り扱い （調理以外）	□自立　□職員と一緒　□職員　□家族等（　　　　　　　　　　） ①範囲（　　　　　　　　）②頻度（　　　　　　　　） ③用具（　　　　　　　　）④備考（　　　　　　　　）
部屋戸締り	□自立　□職員と一緒　□職員　□その他（　　　　　　　　　） 時間（朝：　　　　　）（夜：　　　　　）（その他：　　　　　）

電話をかける・話す	□自立　　□職員付き添い　　□使わない
冷暖房管理	□自立　　□職員　　□その他（　　　　　　　） 好む室温（　　）度
来客の対応	□する　　□しない

※買い物・入浴準備等の家事動作については入浴等の項目に記載。

《担当者の所見／生活の様子／特記事項》

項目10【家事】の計画必要度	1	2	3

11. 生活の質【項目11】

《希望や悩み》

■本　　人　①希望　□あり（　　　　　　　　　　　　　　　　　　　　）□不明　□なし
②悩み　□あり（　　　　　　　　　　　　　　　　　　　　）□不明　□なし
■家族希望　　　　　□あり（　　　　　　　　　　　　　　　　　　　　）□不明　□なし

《介護予防の取り組みへの意向》

■本　　人　希望　□あり（　　　　　　　　　　　　　　　　　　　）□不明　□特になし
■事業所側の基本方針（　　　　　　　　　　　　　　　　　　　　　　　　　　　　　）

《生活の自立度》

生活範囲	□公共機関利用で外出　①独りで　②付き添い（　　　　　　　　　） □事業所周辺　　　　①独りで　②付き添い（　　　　　　　　　） □室内中心の生活　　□部屋内の生活中心　　□ベッド上の生活中心

《生活の行動範囲やこだわり》

買い物先 （スーパー・ デパート等）	【頻度】□毎日　□（　）曜日　□週　　回（　　　　　） 　　　　□月　　回（　　　）□その他（　　　　　　　） 【店名・場所】（　　　　　　　）（　　　　　　　） 　　　　　　　（　　　　　　　）（　　　　　　　） 　　　　　　　（　　　　　　　）（　　　　　　　） 【自立度】□独りで　□付き添い（　　　　　　　　　　　） 【手　段】□徒歩　□車送迎　□電車　□バス　□その他（　　　　）
飲食・外食	【頻　度】□毎日　□（　）曜日　□週　　回（　　　　　） 　　　　　□月　　回（　　　）□その他（　　　　　　　） 【店　名】（　　　　　　　）（　　　　　　　） 　　　　　（　　　　　　　）（　　　　　　　） 【自立度】□独りで　□付き添い（　　　　　　　　　　　） 【手　段】□徒歩　□車送迎　□電車　□バス　□その他（　　　　）
ドライブ 散　歩 その他の 外出先	【頻　度】□ほぼ毎日　□週（　）回ぐらい　□月　　回ぐらい 　　　　　□その他（　　　　　　　　　　　） 【行き先】（　　　　　　　）（　　　　　　　） 　　　　　（　　　　　　　）（　　　　　　　） 【自立度】□独りで　□付き添い（　　　　　　　　　　　） 【手　段】□徒歩　□車送迎　□電車　□バス　□その他（　　　　）
美　容 理　容	【頻　度】□月1回　□その他（　　　　　　　　　） 【店　名】（　　　　　　　　　　） 【自立度】□独りで　□付き添い（　　　　　　　　　　　） 【手　段】□徒歩　□車送迎　□車いす　□その他（　　　　　　）
信仰 （宗教）	□なし □あり　①団体名（　　　　　　　　　）②活動（　　　　　　　　　）

お墓参り	【頻度】□毎日　□(　)曜日　□週　回(　　　　　) □月　回(　　　　)　□その他(　　　　　) 【場所】(　　　　　　　　　　　　　　　　　) 【自立度】□独りで　□付き添い(　　　　　　　) 【手段】□徒歩　□車送迎　□電車　□バス　□その他(　　)
今後行きたい場所等	【場所・店名】(　　　　　　)(　　　　　　　　) (　　　　　　)(　　　　　　　　)

《趣味・日課》

タバコ	□吸う　①銘柄(　　　　)　②本数(　　)本ぐらい／1日 ③喫煙場所(　　　　　　)　④時間帯(　　　　　) □吸わない
お酒	□飲む　①銘柄・種類(　　　　　)　②量・頻度(　　　　) ③飲酒の場所(　　　　　)　④時間帯(　　　　) □飲まない
テレビラジオ	【テレビ】□よく見る　□あまり見ない　□ほとんど見ない 好きな番組(　　　　)(　　　　)(　　　　) 【ラジオ】□聴かない　□時々聴く　□よく聴く番組(　　)(　　)
趣味	□あり　(　　　　)(　　　　　　　　) (　　　　　　　　)　□なし
日課	□あり　(　　　　)(　　　　　　　　) (　　　　　　　　)　□なし
趣味・日課の特記	

《1日の生活の様子／週間・月間予定》

日課・1日の様子	週間・月間等の様子
6―	―6
12―	―12
18―	―18
24―	―24

《その他日常生活の情報》

《担当者の所見／生活の様子／特記事項》

項目11【生活の質】の計画必要度	1	2	3

12. その他生活の様子等（特記事項）【項目12】

《希望や悩み》

■本　　　人　①希望　□あり（	）	□不明	□なし
②悩み　□あり（	）	□不明	□なし
■家族希望　　　　　　□あり（	）	□不明	□なし

《介護予防の取り組みへの意向》

■本　　　人　希望　□あり（	）	□不明	□特になし
■事業所側の基本方針（	）		

《その他の生活の様子》

《担当者の所見／生活の様子／特記事項》

項目12【その他】の計画必要度	1	2	3

□入居後まとめ（現在の生活の様子まとめ）

アセスメント要約表

記載方法：中央の1～3欄に○印を入れる。（入居後情報から書き写し）
　　　　　1…計画を立てない。2…今後計画を検討する。3…計画を立てる。
右の余白には、入居後情報を要約して記入する。

項目		計画必要度			要約欄
項目　1	健康状態等	1	2	3	
項目　2	視覚・聴覚および コミュニケーション	1	2	3	
項目　3	理解・行動	1	2	3	
項目　4	ベッド上・立ち上がり・移乗動作等	1	2	3	
項目　5	移　動	1	2	3	
項目　6	調理・食事	1	2	3	
項目　7	排　泄	1	2	3	
項目　8	入　浴	1	2	3	
項目　9	着替え・洗面等	1	2	3	
項目　10	家事・IADL	1	2	3	
項目　11	生活の質	1	2	3	
項目　12	生活の様子特記 その他	1	2	3	

[書式 No.5]

☐認知症対応型共同生活介護計画書（1）
☐介護予防認知症対応型共同生活介護計画書（1）

作成日　平成　　年　　月　　日

初　回　・　継　続　・　再検討

入居者名：　　　　　　　　　様　　生年月日：M・T・S　　年　　月　　日　　年齢：　　　歳

入居者／家族説明相手：　　　　　　　㊞　　　　説明日：平成　　年　　月　　日　（説明者：　　　　　　　）

計画作成担当者：　　　　　　　　　㊞　　　　担当介護職員：　　　　　　　㊞

要介護度区分：要支援2・要介護1・2・3・4・5　　認定期間：平成　　年　　月　　日　～　平成　　年　　月　　日

本人の生活全体の意向	
本人の介護サービスに対する意向	
家族の意向	
事業所の総合的な介護サービスの方針	

事業所名：

介護計画書の交付を受けました。平成　　年　　月　　日　氏名：　　　　　　㊞

☐認知症対応型共同生活介護計画書 (2)
☐介護予防認知症対応型共同生活介護計画書 (2)

入居者名：　　　　　　様　部屋：

ニーズや生活の現状	目標	サービスの内容等				
		サービスの項目	具体的な内容	担当者	頻度	期間
(項目：　　　)						
(項目：　　　)						
(項目：　　　)						
(項目：　　　)						

事業所名：

介護計画モニタリング表

【書式 No.6】

(記入日：平成　　年　　月　　日)

入居者名：　　　　　様

計画作成担当者：
担当介護職員：

ニーズや生活の現状	サービス項目	実施状況	目標の達成や本人の満足度	今後の方向性
(　　　　　) (項目：)		□計画通り実施できた □一部実施できた □実施していない ～具体的な理由等～	○短期目標の達成度 【利用者】□達成できた　□ほぼ達成 　　　　　□少し達成　□達成できなかった 【職　員】□達成できた　□ほぼ達成 　　　　　□少し達成　□達成できなかった ～所見欄～ (　　　　　　　　　　　　　　　) ○本人のサービス満足度 □満　足　□ある程度満足 □不満足　□不　明 ～具体的な理由等～ (　　　　　　　　　　　　　　　)	□サービスを継続する □サービスの具体的内容を変更して継続する □サービスを中止する □その他（　　　　　） ～備考～
(　　　　　) (項目：)		□計画通り実施できた □一部実施できた □実施していない ～具体的な理由等～	○短期目標の達成度 【利用者】□達成できた　□ほぼ達成 　　　　　□少し達成　□達成できなかった 【職　員】□達成できた　□ほぼ達成 　　　　　□少し達成　□達成できなかった ～所見欄～ (　　　　　　　　　　　　　　　) ○本人のサービス満足度 □満　足　□ある程度満足 □不満足　□不　明 ～具体的な理由等～ (　　　　　　　　　　　　　　　)	□サービスを継続する □サービスの具体的内容を変更して継続する □サービスを中止する □その他（　　　　　） ～備考～

(項目：)	□計画通り実施できた □一部実施できた □実施していない ～具体的な理由等～	○短期目標の達成度 【利用者】□達成できた　□ほぼ達成 　　　　　□少し達成　□達成できなかった 【職　員】□達成できた　□ほぼ達成 　　　　　□少し達成　□達成できなかった ～所見欄～ （　　　　　　　　　　　　　　　　　） ○本人のサービス満足度 □満　足　□ある程度満足 □不満足　□不　明 ～具体的な理由等～ （　　　　　　　　　　　　　　　　　）	□サービスを継続する □サービスの具体的内容を変更して継続する □サービスを中止する □その他（　　　　　　　　　） ～備考～
(項目：)	□計画通り実施できた □一部実施できた □実施していない ～具体的な理由等～	○短期目標の達成度 【利用者】□達成できた　□ほぼ達成 　　　　　□少し達成　□達成できなかった 【職　員】□達成できた　□ほぼ達成 　　　　　□少し達成　□達成できなかった ～所見欄～ （　　　　　　　　　　　　　　　　　） ○本人のサービス満足度 □満　足　□ある程度満足 □不満足　□不　明 ～具体的な理由等～ （　　　　　　　　　　　　　　　　　）	□サービスを継続する □サービスの具体的内容を変更して継続する □サービスを中止する □その他（　　　　　　　　　） ～備考～

サービスへの希望等	
モニタリングまとめ	

事業所名：

☐共用型認知症対応型通所介護計画
☐短期利用共同生活介護計画

利用者名： _____

☐ アセスメント作成日【作成日：平成　　年　　月　　日　担当者：　　　　　】
☐ 介護計画書作成日【作成日：平成　　年　　月　　日　担当者：　　　　　】

事 業 所 名： _____
法　 人　 名： _____

基本情報　　【書式 No.7】

作成日：平成　　年　　月　　日
作成者：_____

1. 利用者本人の氏名・緊急連絡先等

フリガナ		男・女	年齢	M　T　S　　年　月　日　（　　歳）
本人氏名				

住　所	〒　　－ 電話：　　－　　－　　　　　　　　　　　　　　その他：

《緊急連絡先》

第1連絡先	氏名：　　　　　　　　　　　　　　　　　男・女　年齢（　歳）本人との続柄（　　　）
	住所： 自宅TEL：　　　　　　　　　　　　　携帯TEL： 勤め先：　　　　　　　　　　　　　　e-mail：　　　　　　　　　　＠ 連絡方法・特記：（　　　　　　　　　　　　　　　　　　　　　　　　　　　）
第2連絡先	氏名：　　　　　　　　　　　　　　　　　男・女　年齢（　歳）本人との続柄（　　　）
	住所： 自宅TEL：　　　　　　　　　　　　　携帯TEL： 勤め先：　　　　　　　　　　　　　　e-mail：　　　　　　　　　　＠ 連絡方法・特記：（　　　　　　　　　　　　　　　　　　　　　　　　　　　）
主治医	氏名： 医療機関名：　　　　　　　　　　　　住　所： 電　話：　　　　　　　　　　　　　　携帯TEL： その他：（　　　　　　　　　　　　　　　　　　　　　　　　　　　　　　）
緊急時の希望搬送先	病院名（　　　　　　　　　　　　　）連絡先等（　　　　　　　　　　　）

《家族等（緊急連絡先以外）》　※ キーパーソンに○印

【家族構成】	介護		性	歳	続柄	備　考

「介護」欄 … 主介護者であれば◎、副介護者であれば○、協力者であれば△をつける。

2. 担当の介護支援専門員

《担当の介護支援専門員》

氏　名		事業所名：
連絡先	電話：　　　　　　　　　　　　　　FAX：	
変更・備考		

3. 要介護度など

《要介護度》

要支援　1・2・要介護　1・2・3・4・5・申請中	H　・　・　～H　・　・
【更新・変更】要支援　1・2・要介護　1・2・3・4・5	H　・　・　～H　・　・

《日常自立度判定基準》

寝たきり	J_1 ・ J_2 ・ A_1 ・ A_2 ・ B_1 ・ B_2 ・ C_1 ・ C_2	判定日：H　年　月　日
認知症状	なし ・ Ⅰ ・ Ⅱ$_a$ ・ Ⅱ$_b$ ・ Ⅲ$_a$ ・ Ⅲ$_b$ ・ Ⅳ ・ M	判定日：H　年　月　日

《認知症状の確認》

確認先等		確認書類	（書類添付）

《公的な支援制度の活用》

支援制度	□成年後見人（補助・保佐・後見・任意） □地域福祉権利擁護 □生活保護
内容等	

《公費・手帳等》

4. 生活・住宅環境

【自宅前・周辺】	【自宅内】

住宅環境	住居形態 □一軒家（　　　階）□アパート・マンション（　　　階） エレベーター □あり □なし

5. 生活歴など

《生活歴》

【生まれ・出身地】
【家族・結婚】
【仕事】
【その他】

《性格》

6. 現在利用している介護サービス

《利用している介護保険サービス》

サービス種類	事業所名	頻度・内容等

《利用している社会資源》

サービス種類	事業所名	頻度・内容等

7. その他

《利用の経緯》

アセスメント表 【書式 No.8】

作成日：平成　　年　　月　　日
作成者：＿＿＿＿＿＿＿＿＿＿

利用者名	

■生活（人生）全体の意向
《利用者の望む生き方・利用者の望む生活～どのような人生を送りたいか。生活全体に対する希望等～》

- ○
- ○
- ○
- ○
- ○
- ○
- ○

《本人の生活の意欲等》

生活の意欲	□有　り　　□有る様子　　□不　明　　□無　し
家族への思い	□有　り（　　　　　　　　　　　　　　　　　　　　　　　　　　）　□不　明　□無　し 【頼りたい家族】氏名：（　　　　　　　　　　）続柄：（　　　　）
家に対する思い	□家で暮らしたい（帰りたい家は……　　　　　　　　　　　　　　　　　　　　　　） □時々は帰りたい　　□不　明　　□どちらでもない
備　考	

《家族の生活全体の意向とかかわり》

キーパーソン	氏名：　　　　　　　　　　　続柄：
利用者への生活全体の意向	

《事業所側の本人へのかかわりの全般的な基本方針や姿勢》

　

【項目1】健康状態等
《健康状態等への希望や悩み事》

■本　人　①希　望　□有り（　　　　　　　　　　　　　　　　　　　　　　　）　□不明　□無し
②悩み事　□有り（　　　　　　　　　　　　　　　　　　　　　　　）　□不明　□無し
■家　族　希　望　□有り（　　　　　　　　　　　　　　　　　　　　　　　　　）　□不明　□無し

《主治医以外の通院先》

担当医名	医療機関名	診療科目	連絡先

《障害等》

【障害の部位】	【身体状況】

《病気等》※ 既・現に○印をつける

	病　名	状態・症状等
既・現		
既・現		
既・現		
既・現		

《処方されている薬／服薬方法》

薬名	服用方法等	薬名	服用方法等

《アレルギー・禁飲食関係》

□あり（　　　　　　　　　　　　　　　　　　　　　　　　　　　　　　　　　　　）　□なし

《担当者の所見／生活の様子／特記事項》

項目1【健康状態等】の計画必要有無	1	2

【項目2】ADL・IADL

《ADL・IADLへの希望や悩み事》

■本　人　①希　望　□有り（　　　　　　　　　　　　　　　　　）　□不明　□無し
②悩み事　□有り（　　　　　　　　　　　　　　　　　）　□不明　□無し
■家　族　希　望　□有り（　　　　　　　　　　　　　　　　　）　□不明　□無し

《ADL・IADL その1～移動～》

項目	状 態 等
ねがえり	□自立　□何かにつかまり自立　□一部介助（　　　　　　　　　　　　　）□全介助
起き上がり	□自立　□何かにつかまり自立　□一部介助（　　　　　　　　　　　　　）□全介助
立ち上がり	□自立　□何かにつかまり自立　□一部介助（　　　　　　　　　　　　　）□全介助
座位保持	□自立　□何かにつかまれば自立　□一部介助（　　　　　　　　　　　　）□全介助
移動（歩行等）	□自立　□室内は自立　□一部介助（　　　　　　　）□全介助（歩行不可） 福祉用具　杖（　　　　　　）・歩行器・シルバーカー・車いす（　　　　　　） 夜間やその他（　　　　　　　　　　　　　　　　　　　　　　　　　　）
（車いす）移乗	□自立　□見守り　□一部介助（　　　　　　　　　　　　　　　）□全介助
送迎	□あり　□なし（家族送迎等） 送迎ポイント（　　　　　　　　　　　）送迎留意点（　　　　　　　　　）

《ADL・IADL その2～食事～》

項目	状 態 等
食事準備	□自立（自炊している）　□時々している（　　　　　　　　　　　　　） □手伝うことはある（　　　　　　　　　　　　　　　　　　）□しない
食事形態	【主食】□普通食　□お粥（　　　　　　）□パン食　□その他（　　　　） 【副食】□普通食　□刻む（　　　　　　）　　　　□その他（　　　　） 【備考】（　　　　　　　　　　　　　　　　　　　　　　　　　　　）
食事動作	□自立　□一部介助（　　　　　　　　　　　　　　　　　）□全介助 補助具等：箸・スプーン・フォーク・補助具（　　　）食事時間：（　　）分程
口腔（歯磨き）	□自立　□一部介助（　　　　　　　　　　　　　　　　　）□全介助 歯の状態：自分の歯　・　総義歯　・　部分義歯（　　　　　）・その他（　　）

《ADL・IADL その3～入浴～》

項目	状 態 等
入浴準備	□自立　□一部自分で準備（　　　　　　　　　　　　　　　）□しない ①好みの温度（　　　　　　　　　　）②その他（　　　　　　　　　　）
入浴動作	□自立　□一部介助（　　　　　　　　　　　　　　　　　　）□全介助 □入りたくない（拒否がある）

《ADL・IADL その4～排泄～》

項目	状 態 等
排泄（昼間）	□自立　□一部介助（　　　　　　　　　　）□全介助（　　　　　　　） ①失禁　□あり（　　　　　　　）□なし　②オムツ類等（　　　　　　）
排泄（夜間）	□自立　□一部介助（　　　　　　　　　　）□全介助（　　　　　　　） ①失禁　□あり（　　　　　　　）□なし　②オムツ類等（　　　　　　）

《ADL・IADL その5～着替え等～》

項目	状 態 等
着替え準備	□洋服は自分で選ぶ　□（　　　　　　）と一緒に選ぶ　□（　　　　　）選ぶ
着替え動作	□自分で着替える　□（　　　　　　）に一部手伝ってもらう（　　　）□全介助
通所日の準備	□着替え自立・送迎場所まで向かう　□着替えは自立・送迎場所に付き添いあり □着替え介助・送迎場所付き添いあり　□その他（　　　　　　　　　　　）

《ADL・IADL その6 〜その他家事〜》

項目	状 態 等
掃除	□自立　　□一緒に行う　　□家族等　　□その他（　　　　　　　　　　　　　　　　）
洗濯	□自立　　□一緒に行う　　□家族等　　□その他（　　　　　　　　　　　　　　　　）
買い物	□自立　　□一緒に行う　　□家族等　　□その他（　　　　　　　　　　　　　　　　）
その他	【　　　　　】□自立　　□一緒に行う　　□家族等　　□その他（　　　　　　　） 【　　　　　】□自立　　□一緒に行う　　□家族等　　□その他（　　　　　　　） 【　　　　　】□自立　　□一緒に行う　　□家族等　　□その他（　　　　　　　）

《担当者の所見／生活の様子／特記事項》

【移　動】 【食　事】 【入　浴】 【排　泄】 【着替え】 【その他】
項目2【ADL・IADL】の計画必要有無　　　　1　　2

【項目3】コミュニケーション及び理解・行動等

《コミュニケーションおよび理解・行動等への希望や悩み事》

■本　人　①希　望　□有り（　　　　　　　　　　　　　　　）□不明　□無し 　　　　　②悩み事　□有り（　　　　　　　　　　　　　　　）□不明　□無し ■家　族　希　望　□有り（　　　　　　　　　　　　　　　）□不明　□無し

視力	□普通　　□大きな字なら可　　□視野が限られている（　　　　　　　）□見えない 眼鏡　□あり（特徴等：　　　　　　　　　　　　　　　　　　　　　）□なし
聴覚	□普通　　□大きな声なら可　　□あまり聞こえない　　□聞こえない（左・右）□不明 補聴器　□あり（使い方等：　　　　　　　　　　　　　　　　　　　）□なし
意思疎通	□普通　　□時々通じる　　□困難（反応がない） その手段：言語　・　筆談　・　身振り手振り　・　その他（　　　　　　　）

行動	行動内容		介護者等の対応
	1. 作話　□なし　□あり（　　　　　　　　）		
	2. 妄想　□なし　□あり（　　　　　　　　）		
	3. 幻覚　□なし　□あり（　　　　　　　　）		
	4. 異食　□なし　□あり（　　　　　　　　）		
	5. 暴力等□なし　□あり（　　　　　　　　）		
	6. その他気になる行動	（　　　　　　　　）	
		（　　　　　　　　）	
		（　　　　　　　　）	
		（　　　　　　　　）	

《担当者の所見／生活の様子／特記事項》

項目3【コミュニケーション及び理解・行動】の計画必要有無　　　1　　2

【項目4】生活の質（ライフスタイル）

《生活の質への希望や悩み事》

■本　人　①希　望　□有り（	）	□不明	□無し
②悩み事　□有り（	）	□不明	□無し
■家　族　希　望　□有り（	）	□不明	□無し

《自宅での生活様子》

```
    6        9        12        15        18        21        24
    |        |         |         |         |         |         |
    |        |         |         |         |         |         |
    |        |         |         |         |         |         |
    |        |         |         |         |         |         |
```

《生活の質（日課・趣味等）》

日　課	（　　　　　　　　）（　　　　　　　　　　　　　　　）（　　　　　　　　　　　　　）
趣　味	（現・昔／　　　　　　）（現・昔／　　　　　　　　　）（現・昔／　　　　　　　　）
外　出	□好　き　　□余り好きではない　　□嫌　い □良く出掛ける　　□あまり出掛けない　　□殆ど出掛けない 好きな外出先（　　　　　　　　　）（　　　　　　　　　　　）（　　　　　　　　）
タバコ	□吸う　時間帯等（　　　　　　　　　　　　　　　）　□吸わない
その他	

《担当者の所見／生活の様子／特記事項》

項目4【生活の質】の計画必要有無	1	2

【項目5】家族の支援

《家族の支援への希望や悩み事》

■本　人　①希　望　□有り（	）	□不明	□無し
②悩み事　□有り（	）	□不明	□無し
■家　族　希　望　□有り（	）	□不明	□無し

《主介護者等の役割・状態等》

	主介護者	副介護者
氏　名	（　　　　　　　　）年齢：　歳	（　　　　　　　　）年齢：　歳
世　帯	□同居　　□別居　　□その他（　　　）	□同居　　□別居　　□その他（　　　）
健康状態	□普通　　□あまり良くない　　□良くない	□普通　　□あまり良くない　　□良くない
介護状況		
困難な介護場面		
解決したい状態		

《家族への配慮・支援》

配慮すること	□あり（　　　　　　　　　　　　　　　　　　　　　）	□今のところなし
支援すること	□あり（　　　　　　　　　　　　　　　　　　　　　）	□今のところなし

《その他の介護者の状況》

氏　名	介護状況等

《担当者の所見／生活の様子／特記事項》

項目5【家族の支援】の計画必要有無	1	2

【項目6】その他の情報／まとめ

《担当者の所見／生活の様子／特記事項》

項目6【その他】の計画必要度	1	2

アセスメント要約表

項目NO	項目	サブ項目	作成有無		アセスメント要約
項目1	健康状態等		1	2	
項目2	ADL・IADL その1	移動	1	2	
項目2	ADL・IADL その2	食事			
項目2	ADL・IADL その3	入浴			
項目2	ADL・IADL その4	排泄			
項目2	ADL・IADL その5	着替え			
項目2	ADL・IADL その6	その他家事			
項目3	コミュニケーション及び理解・行動		1	2	
項目4	生活の質		1	2	
項目5	家族の支援		1	2	
項目6	その他		1	2	

[書式 No.9]

□共用型認知症対応型通所介護計画書

作成日：平成　年　月　日

利用者名：　　　　　　　　様　　　　　　　生年月日：M・T・S　年　月　日　　　歳

説明相手：　　　　　　　　印　　　　　　　説明日：平成　年　月　日

計画作成担当者：　　　　　　　　　　印　　担当介護職員：　　　　　　　　　　印

要介護認定区分：　要支援 1・2　要介護 1・2・3・4・5　　認定期間：平成　年　月　日　～　平成　年　月　日

【利用者の生活（人生）全体意向／サービスに対する意向】

【事業所の総合的介護サービスの方針】

項目	ニーズや現状	目標	具体的なサービス内容	担当者	頻度	期間
健康状態等						
ADL・IADL その1・移動						
ADL・IADL その2・食事						

1/2

ADL・IADL その3・入浴					
ADL・IADL その4・排泄					
ADL・IADL その5・着替え					
ADL・IADL その6・家事					
コミュニケーション及び 理解・行動					
生活の質 (ライフスタイル)					
家族の支援					
その他					

事業所名：_____

介護計画書の交付を受けました。平成　年　月　日　氏名：_____印

【書式 No.10】

□短期利用共同生活介護計画書

作成日:平成　年　月　日

利用者名 : ＿＿＿＿＿＿＿　様　　　　　　　　　　生年月日 : M・T・S　年　月　日　　歳

説明相手 : ＿＿＿＿＿＿＿　印　　　　　　　　　　説明日 : 平成　年　月　日

計画作成担当者 : ＿＿＿＿＿＿＿　印　　　　　　　担当介護職員 ＿＿＿＿＿＿＿　印

要介護認定区分 : 要支援 2 ・ 要介護 1 ・ 2 ・ 3 ・ 4 ・ 5　　認定期間 : 平成　年　月　日 ～ 平成　年　月　日

【利用者の生活(人生)全体意向/サービスに対する意向】

【事業所の総合的介護サービスの方針】

項目	ニーズや現状	目標	具体的なサービス内容	担当者	頻度	期間
健康状態等						
ADL・IADL その1・移動						
ADL・IADL その2・食事						

ADL・IADL その3・入浴					
ADL・IADL その4・排泄					
ADL・IADL その5・着替え					
ADL・IADL その6・家事					
コミュニケーション及び理解・行動					
生活の質（ライフスタイル）					
家族の支援					
その他					

事業所名：＿＿＿＿＿＿

介護計画書の交付を受けました。平成　年　月　日　氏名：＿＿＿＿＿　印

おわりに

　本書を手に取り最後まで読んでいただきありがとうございます。
　皆さんにとって、グループホーム計画書の作成が"楽しい""やってみよう"と思えるものになりましたか？

　本書を読んで"書式の枚数が多いなぁ！""結構大変そうだぁ！"との印象を持たれた方も多いかもしれませんね。繰り返し読み、作成を重ねることで、書かれている一つ一つのアセスメント項目の存在する意味が、自立支援やグループホームの特性から考えても、人間が生きる上でも必要不可欠なものであるとの認識に変わっていくでしょう。

　グループホームは利用者と毎日（24時間）継続して生活をともにします。利用者の人生がどのようなものになるかは、職員の思いと行動によって変わってきます。"その人らしく"暮らしてもらうことを具現化するためのアセスメントは、利用者の思い描く"生き方"を示すことに始まり、"日常生活の日課やこだわり"など細かな点に至るまで、総合的、全人的に捉えて書式に表す必要があるのです。
　グループホーム計画書に書かれる内容は、単に利用者の生活の様子や職員のサービスの方法を示すだけではありません。利用者の安心や満足感が表れるものであり、職員の利用者への思いや介護に対する倫理観の証であるのです。
　言い換えれば、利用者が思い思いの生活を送っているのか、職員は質の高い専門性を発揮しているかどうかといった観点から見ることもできるのです。利用者の生活の様子から事業所の姿勢まで表れる介護計画の理解をより一層深めて、職員一人ひとりが責任を持ち行動していくことが必要です。

　その先にあるものは……利用者が"ここなら自分の好きなことができる！""安心して自分らしく暮らせる家"といった安心や信頼なのです。
　皆さんの"利用者"や"介護という仕事"に対する熱い思いを、ぜひ、グループホーム計画書を通じて形に表してください！
　利用者（や家族）と職員の幸せのために、私も応援・支援しますので頑張りましょう!!

　最後に、本書を10年にわたり支援いただいたことを皆さんに感謝するとともに、より長く愛される1冊となれるよう努力していきますので、引き続きご支援・ご活用をお願いします。

2017年9月
貝塚　誠一郎

著者紹介

貝塚誠一郎（カイヅカ・セイイチロウ）

1966年12月6日生まれ。兵庫県高砂市出身。日本福祉教育専門学校・社会福祉学科卒業。
介護福祉士、介護支援専門員。
現在は、貝塚ケアサービス研究所の代表として執筆、各種講演・研修講師、介護事業所の運営指導などを行っている。
ヘヴィメタルバンドのボーカルとして活躍後、縁あって特別養護老人ホームに就職し介護職をスタートさせる。その後、特別養護老人ホーム、デイサービス、訪問介護、在宅介護支援センターなどを経て2001年よりJAWAに所属する。専務理事、取締役としてグループホーム等の開設・運営並びに職員採用や教育に携わる。面接した数は3,000名を超える。
また、月刊誌『介護ビジョン』（日本医療企画）や『おはよう21』（中央法規出版）等に連載を開始するなど、執筆活動にも多くの実績をもつ。
主な著書に、『あたらしい介護技術の提案〜歩行介助・移動介助編〜』（日本医療企画）、『管理者の知っておきたいメンタルケア・介護従事者のストレス対策BOOK』出版協力（社会保険研究所）、『事例で学ぶ デイサービス計画書のつくりかた〈「自宅での生活」とデイサービスを結ぶアセスメントの実践〉』（日本医療企画）、『こころと身体で覚える介護技術』（日本医療企画）がある。

―研修や運営指導等のご相談連絡先―
【貝塚ケアサービス研究所】
ホームページ：http://www.kaizuka-csl.com/
メールアドレス：kcsk-kaizuka@gaea.ocn.ne.jp

主な研修テーマ
「貝塚式介護技術（腰痛予防や利用者の自力動作支援）」「福祉・介護従事者のマナー・接遇」
「介護現場におけるリスクマネジメント」「介護計画書の作成」「認知症ケア」「福祉・介護理念」
「苦情・クレームの対応」「虐待防止と虐待が起こるまで」　など

引用文献・参考文献

・「認知症高齢者の日常生活自立度判定基準」の活用について
（平成18年4月3日・老発第0403003号）
・「障害老人の日常生活自立度（寝たきり度）判定基準」の活用について
（平成3年11月18日・老健第102−2号）

Thanks：松谷恵子さん、榮井百合さん、山﨑満直美さん

事例で学ぶ
グループホーム計画書のつくりかた【改訂版】
「その人らしい生活」を実現するアセスメントの実践

平成27年　5月　3日　第1版第1刷発行
平成29年　9月19日　第1版第2刷発行

編著者　　貝塚誠一郎ⓒ
発行者　　林　諄
発行所　　株式会社 日本医療企画
　　　　　〒101-0033 東京都千代田区神田岩本町 4-14 神田平成ビル
　　　　　　　　　　TEL 03（3256）2861㈹
印刷所　　図書印刷 株式会社

※本書の全部または一部の複写・複製・転訳載等を禁じます。これらの許諾については小社までご照会ください。定価は表紙に表示しています。

Printed in Japan　　　ISBN978-4-86439-366-9 C3036

日本医療企画の介護・福祉の本

『よくわかり、すぐ使える 新 訪問介護計画書のつくりかた』

編著 佐藤ちよみ（介護福祉士・介護支援専門員、対人援助スキルアップ研究所 所長）

【目次】

[総論] 訪問介護計画書を作成しよう、訪問介護サービスの一連の流れ、身体介護と生活援助の分類の考え方、介護予防訪問介護への対応 など

[各論] 訪問介護に必要な書類の種類、訪問介護計画書のつくりかた など

[付録] オリジナル介護記録用書式集（「初回加算」算定にも対応可能な「オリエンテーションシート」「サービス提供責任者ノート」つき!!）

● A4判 ● 2色刷 ● 128頁 ●定価2,000円（+税）

『事例で学ぶ 居宅サービス計画書のつくりかた チームケアの視点とマナー』

編著 佐藤ちよみ（介護福祉士・介護支援専門員、対人援助スキルアップ研究所 所長）

【目次】

① 居宅サービス計画書を作成しよう
② 居宅サービス計画書を理解する
③ 事例で学ぶ（10事例収録）
④ 介護保険で利用できるサービスを理解する
⑤ 介護支援専門員について考える
⑥ 介護保険制度とケアマネジメントを理解する

● A4判 ● 2色刷 ● 144頁 ●定価2,000円（+税）

『事例で学ぶ 施設サービス計画書のつくりかた 個別性を引き出すアセスメントの実践』

編著 水野敬生（社会福祉法人 光照園 特別養護老人ホーム 江戸川光照苑 苑長）

【目次】

1章 介護保険施設における介護支援専門員の役割
2章 サービスの流れと計画書の活用法
3章 各書式の解説と記入法
4章 事例で学ぶ 施設サービス計画書のつくりかた（8事例収録）

● A4判 ● 2色刷 ● 136頁 ●定価2,000円（+税）

『事例で学ぶ デイサービス計画書のつくりかた [改訂版]「自宅での生活」とデイサービスを結ぶアセスメントの実践』

編著 貝塚誠一郎（貝塚ケアサービス研究所 代表）

【目次】

1章 デイサービスの魅力と役割
2章 デイサービス職員の心得と課題
3章 介護保険制度におけるデイサービス計画の位置づけ
4章 介護支援専門員との連携、病院との連携
5章 各書式の記入のしかた
6章 事例で学ぶデイサービス計画書のつくりかた（4事例収録）
7章 宿泊デイサービス計画書のつくりかた
8章 デイサービス記録の書きかた
[付録] デイサービス計画書オリジナル書式集

● A4判 ● 2色刷 ● 170頁 ●定価2,000円（+税）